Sagen und Geschichten aus dem Bremer Norden

Wilko Jäger

Sagen und Geschichten aus dem Bremer Norden

Heimat am Strom:
Von Bremen-Nord am hohen Weserufer
bis zur Lesum und ins Werderland,
durch Wälder und Auen
in die Bremer Schweiz

Edition Falkenberg

Erste Ausgabe 2005 bei Verlag M. Simmering, Lilienthal.
Jetzt aufgeteilt auf vier Bände:
Sagen und Geschichten aus dem Teufelsmoor:
Band 1: Wo Hüklüt einst im Sumpf versank - das Teufelsmoor und umzu, ISBN 978-3-95494-256-5
Band 2: Beiderseits derWümme: im Lande der Gräser und im Reich der Hünensteine auf der Osterholzer Geest, ISBN 978-3-95494-257-2
Band 3: Sagen und Geschichten aus dem Bremer Norden: Heimat am Strom - Von Bremen-Nord am hohen Weserufer bis zur Lesum und ins Werderland, durch Wälder und Auen in die Bremer Schweiz, ISBN 978-3-95494-258-9
Band 4: Sagen und Geschichten zwischen Geest und Weserstrom - Von der Bremer Schweiz nach Hagen und ins Osterstader Land, ISBN 978-3-95494-262-6

Titelzeichnung: Peter Fischer, Winkeldorf

1. Auflage 2022

ISBN 978-3-95494-258-9
www.edition-falkenberg.de

Inhalt

Vorwort zur Neuauflage

Bereits vor rund vierzig Jahren begann ich damit, an und um meinen Heimatort Meyenburg, dort wo das Geestland zur Wesermarsch hin sich absenkt, Geschichten aus dem Dorfleben und der weiteren Umgebung zu sammeln und aufzuschreiben. Nach und nach reifte die Idee, daraus kleine Schriften und später auch Bücher zu verfassen. Aus dieser Tätigkeit ergab sich ein nimmermüdes Interesse am »Aufspüren heimatgeschichtlicher Vorgänge im Rahmen einer nachhaltigen Kulturpflege«. Insbesondere mündlich überlieferte Sagen und alte Geschichten reizten mich, sie in Texte zu kleiden und ihnen damit eine literarische Form zu geben.

Vor siebzehn Jahren ergab es sich, dass der Lilienthaler Verlag Simmering bereit war, eine umfassende Sammlung all meiner Geschichten aus der gesamten Region herauszugeben. Schon nach relativ kurzer Zeit war das Buch vergriffen. Den Mut zu einer Neuauflage in Eigenregie brachte ich aber in kritischer Abwägung bislang nicht auf. Sagen sind im Gegensatz zu Märchen ortsgebunden und lenken schon im Kindesalter ein wachsendes Interesse auf heimatgeschichtliche Vorgänge. Wenn der Geschichte Quelle schweigt, raunt tief im Born die Sage.

Umso mehr habe ich mich gefreut, als der Bremer Verlag Edition Falkenberg an mich herantrat, um meine Sagen-Sammlung in vier Teilausgaben erneut zu veröffentlichen. Ich bedanke mich für diesen ganz in meinem Sinne zukunftsweisenden Beitrag zu einer bewahrenden Heimatkunde und wünsche den Leserinnen und Lesern eine gute Unterhaltung.

Wilko Jäger
Meyenburg, im Sommer 2022

Vorwort*

»Wo ik herkaam, is dat Land so free un wiet ...«

So beginnt eines der wohl schönsten Gedichte der norddeutschen Autorin Alma Rogge. In ihrer schlichten, ungekünstelten Muttersprache, dem Niederdeutschen, spürt die Dichterin ihrer Herkunft nach und zeichnet in beeindruckenden Sprachbildern das Wesen ihrer Heimat auf. Hier war sie zuhause, in einem Landstrich, wo die deichbewehrte Niederung der Wesermarsch, der ewige Rhythmus des Gezeitenstromes und der allgegenwärtige Himmel im Wechselspiel der Wolken die Szenerie der Landschaft bestimmen. Nehmen wir die umgrenzende, von eiszeitlichen Moränen geprägte Geest dazu und wagen wir uns zudem noch in die abseitigen Gefilde des Teufelsmoores, so steht uns jene vielgestaltige Heimatregion vor Augen, auf deren Orte die Geschichten des vorliegenden Buches

* Das Vorwort bezieht sich auf alle vier Bände, siehe Impressum.

hinweisen und von deren Menschen sie als Erzählgut bewahrt wurden.

Es sind Sagen und Geschichten aus alter Zeit, die ich als Autor und Herausgeber über viele Jahre gesammelt, sprachlich neu gestaltet und häufig mit eignen Zeichnungen illustriert habe. Vielfach hielt ich auch mündliche Überlieferungen fest, so zum Beispiel die Geschichten meiner Großmutter aus dem alten Lesum, dem Ort meiner Kindheit. Hinter all dem steht mein ständiges Bemühen, Heimatgeschichte nachhaltig zu vermitteln und so den hier lebenden Menschen auf ihrer Suche nach lokaler Identität eine Hilfe an die Hand geben.

Angesichts eines tiefgreifenden Wandels unserer Lebensbedingungen in einer Umwelt ständiger Veränderung wächst die Sorge um den Verlust des Vertrauten. Die fortschreitende Globalisierung in der Wirtschafts- und Arbeitswelt zwingt viele Menschen zu größtmöglicher Mobilität. Sie werden notgedrungen zu »Arbeitsnomaden«. So bleibt ihnen über eine lange Zeit verwehrt, sich in ihrer angestammten Heimat ein bleibendes Zuhause einzurichten.

Zeugnisse regionaler Kultur und ihrer Geschichte werden ihnen zunehmend fremder. Ich bin besorgt darüber, wie wenig junge Menschen oft über das Land ihrer Herkunft wissen. Europa wächst mehr und mehr zusammen. In einem friedlichen Miteinander unterschiedlichster Regionen werden sich die Menschen begegnen, voneinander lernen und ihre kulturellen Eigenarten respektieren. Das erfordert ein hohes Maß an gegenseitigem Verständnis und heimatlichem Selbstbewusstsein.

Während der Schulzeit galt meine Bewunderung einem engagierten Geschichtslehrer, der es überzeugend verstand, mit einem Kreidestück in der Hand auf einer größtmöglichen Tafelfläche Geschichtsabläufe packend zu schildern.

Dieser gute Mann beflügelte meine Vorstellungskraft und prägte mein Wissen um die Geschehnisse einer ereignisreichen Vergangenheit in Heimat und Welt.

Wer sich mit der Geschichte unseres Landstriches zwischen Teufelsmoor und Weserstrom befasst, stößt dabei unwillkürlich auf Namen wie Heinrich Schriefer, Johann Segelken, Hans Wohltmann oder Friedrich Kühlken. Alle vier gestandene Schulmeister, denen die umfassende Vermittlung einer Heimatkunde eine Angelegenheit des Herzens war. In dankbarer Anerkennung nehmen wir wahr, mit wie viel Fleiß und Akribie und ganz ohne Computer sie ihre Werke zu Papier gebracht haben.

Sie und viele andere standen posthum Pate bei diesem Buch. Unter gleichem Titel erschien bereits im Jahre 1994 eine Erstauflage. Vom Umfang her jedoch übertrifft diese die Neuauflage um das Vierfache.

So gesehen lohnt sich die Lektüre allemal, finden sich doch auch noch als willkommene Zugabe einige der Sagen, die von Dr. Heinz Lemmermann aus Lilienthal-Trupe ins Niederdeutsche übertragen wurden. Und nun viel Freude beim Lesen.

Wilko Jäger
Meyenburg, im November 2005

Wie Vegesack zu seinem Namen gekommen sein soll

Über die Entstehung des Namens der bremischen Hafenstadt Vegesack gibt es der Sage nach mehrere Deutungen.

Zur Zeit der Normanneneinfälle in die Mündungen der Elbe und der Weser gelangte im Jahre 1042, wie es der Chronist Adam von Bremen aufzeichnete, ein Heerhaufen der gefürchteten Askomannen weseraufwärts bis in den Bereich, wo die Lesum einmündet. Dort drangsalierte die wilde Horde die Bevölkerung und plünderte deren Behausungen aus.

Um einen befürchteten Überfall auf ihre Stadt rechtzeitig abzuwenden, rüsteten die Bremer eilig ein Heer und zogen den Räubern entgegen. In der Auemündung stieß man auf die Schiffe der Askomannen, die mit Beutegut schwer beladen waren. Flugs versperrten ihnen die Bremer die Ausfahrt zur Weser und »fegten«, das heißt trieben, die völlig überraschten Eindringlinge wie in einem Sack zusammen. Nur wenige der Nordmänner entgingen ihrem Schicksal und konnten lebend entkommen.

Eine andere Deutung geht auf ein altes Krughaus zurück, das dort am Aumunder Tief, umgeben von wenigen anderen Häusern, nachweislich schon im fünfzehnten und sechzehnten Jahrhundert stand. In einer Urkunde wird die Siedlung »tho den veghesacke« genannt. Ob jedoch auch das Wirtshaus so bezeichnet wurde, ist nicht überliefert.

Im Volksmund allerdings hält sich hartnäckig die Vorstellung vom leergefegten Geldsack der Schiffer und Seeleute, die hier wohl so manches Mal »versackten« und ihren »letzten Heller« verprassten.

Mit dem friesischen Wort »Feeg«, was Busen oder Bucht bedeutet, gebildet durch einen Fluss, wird der Name Vegesack auch in Zusammenhang gebracht. Die Lesummündung war vor der Weserkorrektion wesentlich stärker ausgeformt als zur heutigen Zeit.

Eine weitere Erklärung besagt, dass an diesem Ort »die Wege sacken«. Aus dem Hinterland der hohen Geest senkten sich in der

Tat die Wege zu der kleinen Siedlung am Aumunder Tief.

Bildhaft gut vorstellbar ist auch die Vermutung, dass der Name von »Veeken« oder »Feek«, was Spreu, Treibsel nach höheren Fluten bedeutet, abgeleitet sein könnte.

Für die Annahme, der Name Vegesack stünde im Zusammenhang mit der gleichnamigen Adelsfamilie (Schriftsteller Siegfried von Vegesack, ein Hamburger Bürgermeister von Vegesack im 17. Jahrhundert), die sich vornehmlich im Baltikum niederließ, gibt es keinerlei Nachweise.

So mag denn auch weiterhin aus historischer oder etymologischer Sicht über die tatsächliche Bedeutung der Bezeichnung Vegesack gemutmaßt werden. Dem Einheimischen, der mit seinem Heimatstädtchen in Zuneigung vertraut ist, genügt es eigentlich, wenn er es liebevoll »Vegebüdel« nennt.

Vegesack als »Primus«

Wohl keinem der ehemaligen Gymnasiasten der Gerhard-Rohlfs-Schule zu Vegesack dürfte während der mehr oder weniger mühevollen Pennälerzeit verborgen geblieben sein, was es bedeutet, als Primus zu gelten. Dass aber die geschäftige, von maritimer Tradition geprägte Kleinstadt, auf deren Dächer man zu festlichen Stunden durch die großen Fenster der Aula bei nachlassender Anteilnahme am innerschulischen Geschehen hinabsehen konnte, in ihrer historischen Entwicklung etliche Ereignisse aufweisen kann, wo sie sozusagen als erste die Nase vorn hatte, könnte manchem Vegesacker bislang verborgen geblieben sein.

Vegesack darf sich rühmen, den ersten künstlichen Hafen Deutschlands in den Jahren 1619–22 angelegt zu haben.

Die »Weser« war das erste auf einer deutschen Werft gebaute Dampfschiff. Sie lief 1816 auf der Werft von Johann Lange vom Stapel.

Der Vegesacker Medizinalrat Albrecht Wilhelm Roth schrieb zum Ende des 18.

Jahrhunderts das erste Buch über die Gesamtflora Deutschlands.

Der erste Europäer, der Afrika vom Mittelmeer bis zum Golf von Guinea durchquerte, war Gerhard Rohlfs, am 14. April 1831 in Vegesack geboren.

Im November 1860 gaben der Navigationslehrer Bermpohl und der Rechtsanwalt Kuhlmay, beide Vegesacker Bürger, den ersten Anstoß zur Gründung der Deutschen Gesellschaft zur Rettung Schiffbrüchiger.

Die erste eiserne Drehbrücke Deutschlands wurde 1835 an der Vegesacker Hafeneinfahrt in Betrieb genommen.

Findigen Lokalhistorikern bleibt es vorbehalten, nach weiteren Ereignissen zu forschen, wo das kleine Vegesack in führender Position groß herauskam.

Das Raubritternest Blomendal

Ein streitbares Rittergeschlecht auf dem rechten Weserufer unterhalb Bremens waren die Herren von Oumünde, die den Namen von ihrem Stammsitz an der Auemündung ableiteten. Diese Burg befand sich einst nahe der Weser, etwa dort, wo heute die Hochhäuser der Grohner Düne stehen. So waren die Ritter in der Lage, den zu der Zeit einzigen Handelsweg, auf dem Bremer Kaufleute ihre Waren in Schiffe verluden, empfindlich zu stören. Zudem besaßen sie auch noch das Zollrecht von Lemwerder.

Als um das Jahr 1300 der bremische Handel mehr und mehr auf Landwegen betrieben wurde, in Burg an der Lesum teilten sich die Fernstraßen in Richtung Bremervörde, Land Wursten und in die Osterstader Marsch, setzten die Aumunder alles daran, auch diese Handelsrouten zu beherrschen.

Sie hielten Ausschau nach einem strategisch günstigen Ort zum Bau einer neuen Burg und fanden den Platz auf einer Anhöhe im Löh. Dem festen Haus gaben sie den Namen Blomendal. Von hier aus planten und vollzogen sie ihre gefürchteten Raubzüge. Dichte Wälder und unwegsames Gelände boten ausreichend Schutz.

Der Bremer Handel litt erheblich durch die Übergriffe der Raubritter. Blomendal war den Kaufleuten ein »Dorn im Auge«. Erschwerend kam noch hinzu, dass die adligen Herren von Oumünde, Schwanewede und Hagen ein Bündnis gegen die Bremer schlossen. Angesichts dieser Bedrohung musste die Stadt zur Tat schreiten. So rückten im Jahre 1305 bremische Soldaten heran und eroberten die Burg Blomendal.

Aus einem von Erzbischof Giselbert und Domprobst Bernhard beurkundeten Vertrag geht hervor, dass Blomendal zerstört werden solle. Diese Urkunde ist das älteste historische Schriftstück über den Ort Blumenthal. Im vorigen Jahrhundert stieß man noch auf Grundmauerreste der alten Burg. Bei Grabungen in den Jahren 1936/37 wurden eine Eisenspitze aus dem Rammgerät eines Mauerbrechers und einige Schleuderkugeln zu Tage gefördert.

Die heilige Eiche zu Blumenthal

Als vor langer Zeit in Blumenthal ein eigenes Gotteshaus fehlte, versammelten sich die Menschen unter dem Schirm einer mächtigen Eiche. Der riesige Baum soll uralt gewesen sein. Er hätte sich durchaus mit den Eichenveteranen im Hasbruch messen können. Über dem Erdboden maß er 45 Fuß im Umfang. Ehrfürchtig nannten ihn die Blumenthaler »de hil'ge Eeke«.

Leider gibt es heute keine verlässliche Angabe über den genauen Standort der Eiche. Nach Angaben aus der Heimatforschung soll sie im Löh nicht weit vom Schnittpunkt des Beckedorfer Weges mit der Bahnlinie Vegesack-Farge gestanden haben.

Ein Lehrer aus Blumenthal malte den Baum im Jahre 1801, als der Koloss schon von tiefen Wunden gezeichnet war.

Acht Jahre später war er zu schwach, einem heftigen Sturm noch einmal zu trotzen. Die Holzreste erbrachten einen Erlös von drei Talern.

Die große Zeit der Weserkähne

Bevor Blumenthal ein bedeutender Industriestandort im Unterweserraum wurde, bestimmten hier noch weitestgehend ländliche Ruhe und Beschaulichkeit das Bild der Uferlandschaft, wo Bauern und Seefahrer ansässig waren.

Man lebte von dem, was der Boden hergab oder suchte sein Glück als Fahrensmann auf den Meeren der Welt.

Doch mit der historischen Tat des Bremer Bürgermeisters Johann Smidt im Jahre 1827, als dieser dem Königreich Hannover ein Gelände an der Wesermündung abkaufte und hier einen neuen Bremer Hafen bauen ließ, wurde ein weitaus lebhafteres Kapitel der Blumenthaler Geschichte eingeleitet. Es begann die große Zeit der Kahnschifferei. Vom Umschlag- und Stapelplatz Bremerhaven mussten die Waren der Seeschiffe, die im zu flachen und seichten Fahrwasser der Weser nicht bis Bremen gelangen konnten, auf wesentlich kleinere Schiffe verfrachtet werden, die zudem nur wenig Tiefgang haben durften. So stellten sich die einheimischen Werften auf den Bau von Frachtkähnen mit spitzem Steven und plattem Boden um. Bei einer Länge um zwanzig Meter und einer Breite um drei bis vier Meter schwankte die Ladefähigkeit zwischen 40 und 80 Last (eine Last = 2.000 kg).

Man unterschied drei Arten: einmastiger Kahn (auf der Elbe auch Ever genannt), kleiner Besankahn mit Großmast und kleinem Heckmast, großer Besankahn mit Großmast und Besanmast. Mit dem Namen Besan wird das Gaffelsegel am Besanmast bezeichnet. Der Begriff kommt aus dem Arabischen.

Das Aufblühen der Kahnschiffahrt auf der Unterweser brachte Arbeit und auch Wohlstand in der Bevölkerung.

Noch heute erinnern einige Kahnschifferhäuser in Blumenthal an die segensreiche Epoche in der maritimen Vergangenheit des Ortes. Es muss stets ein prächtiges Bild gewesen sein, wenn im Rhythmus der Tide jeweils eine Armada von Kähnen mit dem Ebbstrom weserabwärts trieb oder vollbeladen bei steigender Flut gen Bremen segelte.

Unter den Schiffern galten Entschlossenheit und hartes Pflichtbewusstsein als vornehme Tugenden. Ihr Wagemut ließ sie nach England, Skandinavien und selbst bis nach Russland segeln. Es waren oft wortkarge Männer unter ihnen, die im Laufe ihrer Fahrenszeit zu bewunderten oder sogar legendären Seebären heranreiften.

So erzählte man lange von Kapitän Trute und seinem Schiff »Marie von Blumenthal«. Große Häfen an Nord- und Ostsee wie London, Kopenhagen und Riga hatte er angesteuert. Sein Segelkahn sollte manch schwere See überstehen.

Am 11. November 1869 traf Trute mit seiner »Marie« nahe der Insel Sylt auf die norwegische Brigg »Oeconomie«. Das große, mit Steinkohlen beladene Schiff drohte zu sinken. Die wütenden Wogen hatten die Rettungsboote des großen Seglers von Bord gespült. Kapitän Trute gelang es, ein eigenes Boot auszusetzen und die siebenköpfige, völlig erschöpfte Mannschaft der Brigg zu retten.

Acht Jahre später ereilte den wackeren Seemann das Schicksal. Auf einer Fahrt nach

England geriet die »Marie« auf Höhe der Westfriesischen Inseln in einen orkanartigen Sturm. Als Trute erkennen musste, wie gering die Überlebenschancen für ihn und seine Mannschaft waren, schlug er das Namensschild des Schiffes vom Heck ab und warf es mit den Schiffspapieren in die tobende See. Die Sachen trieben später auf Terschelling an und wurden an die Hinterbliebenen in Blumenthal weitergeleitet.

Als die Frachtsätze in der Kahnschiffahrt immer niedriger wurden, scheuten sich einige Schiffer nicht, mit Schmugglern gemeinsame Sache zu machen. Zu einem Aufsehen erregenden Zwischenfall kam es dabei im Juli im Jahre 1849. Zwei Schmuggler, Vater und Sohn Regulett aus Rekum, kehrten mit »heißer Ware« aus Vegesack zurück. Beide galten unter den Steueraufsehern hüben und drüben als äußerst gefährliche Kerle.

Steueraufseher Wehe aus Rekum, der hier ganz allein seinen Dienst versah, war den Reguletts schon oft auf der Spur. Und so scheuten die beiden Schmuggler sich nicht, vom Schiff aus ihre Morddrohungen gegen den verhassten Wehe lautstark zu verkünden. Zwei Beamte von der Oldenburger Seite ahnten das Unheil. Sie setzten in einem Boot über die Weser, um dem Kollegen zu Hilfe zu eilen. Nur kurze Zeit später drangen dessen Hilferufe durch die Nacht.

Als die beiden Oldenburger den Tatort erreichten, fanden sie den Überfallenen mit greulichen Schnitt- und Stichwunden und zerschmettertem Schädel am Boden liegen. Die Schmuggler konnten rasch gefasst werden. Der junge Regulett, der den Mord verübt hatte, wurde ein Jahr nach der Tat in Rekum mit dem Schwert enthauptet. Der Vater verbüßte eine lebenslängliche Kettenstrafe im Kalkberg zu Lüneburg.

Alles hat seine Zeit. Längst sind die bewegten Jahre der Weserkahnschiffahrt vorüber. Die Korrektion der Unterweser setzte völlig neue Maßstäbe. So wie damals, als man in wehmütiger Erinnerung die Zeit der Besankähne vermisste, mögen es die Menschen am Strom auch heute empfinden, wenn sie mit ansehen müssen, wieviel stiller es bereits um die Weltschifffahrtsstraße Weser geworden ist.

Die Überfahrt der Zwerge

Es geht die Sage, dass vor langer Zeit einmal Zwerge unsere Heimat bewohnten. Als dann aber Menschen von großer Gestalt hier einwanderten, nahmen sie den Gnomen das beste Land mit den fetten Böden und vertrieben sie. Da blieb den armen Wichten nichts anderes übrig, als in die Wildnis der Wälder, Heiden und Moore zu flüchten. Fortan hausten die kleinen Wesen in hohlen Bäumen, verlassenen Hünenkellern oder primitiven Erdhöhlen. Doch selbst dort ließen ihnen die Eindringlinge keine Ruhe. Immer enger wurde der Lebensraum. Und so beschloss dann schließlich das Volk der Zwerge, in ein anderes Land auszuwandern.

Zu dieser Zeit lebte in Farge an der Weser der alte Fährmann Kieling, der hier seit vielen Jahren Menschen und Tiere in seinem Ruderkahn von Ufer zu Ufer brachte. Eines Nachts wurde er durch Klopftöne am Fenster seines Schlafraumes geweckt. Kieling erhob sich aus seinem Bett, kleidete sich rasch an, öffnete die Haustür und schaute nach draußen. Es war stockdunkel. Der Fährmann blickte sich um, traf aber niemand an. Verärgert über die nächtliche Ruhestörung wollte er schon ins Haus zurückgehen, als er plötzlich eine helle und deutliche Stimme vernahm: »Bring uns noch in dieser Nacht über den Weserstrom, sprich aber kein Sterbenswort dabei, so soll es dein Schade nicht sein.« Kieling überlegte nicht lange und versprach, was die Stimme von ihm forderte. Im Schein seiner Bootslaterne konnte der alte Mann erkennen, wie der Deich nur so von kleinen dunklen Wesen übersät war.

Viele schweißtreibende Überfahrten waren nötig, um alle Zwerge unbeschadet bis zum Morgengrauen ans andere Ufer zu bringen. Die Sonne wollte gerade aufgehen, da war die Arbeit getan. Ein Zwerg trat an den Kahn und bedankte sich beim Fährmann für dessen Dienste.

Als Kieling nun aber seinen Lohn verlangte, deutete der Wicht auf einen Haufen Rossäpfel, der mitten im Boot lag. Der Fährmann glaubte sich betrogen und wollte den Wortführer der Zwerge wütend zur Rede stellen. Der aber war augenblicklich verschwunden. Zornig darüber, wie ihn das kleine Volk zum Narren gehabt habe, warf Kieling die Rossäpfel ins Wasser. Nur einige übersah er, weil sie unter die Ruderbank getollt waren. Als der Alte nun missmutig ans Farger Ufer zurückrudern wollte, rieb er sich plötzlich verwundert die Augen. Was glänzte und funkelte denn da in seinem Kahn? Er beugte sich herab und nahm Klumpen aus purem Gold vom Boden auf. Jetzt mochte er jammern soviel er wollte und seine Unbesonnenheit schelten, der größte Teil seines Lohnes war ihm verloren gegangen. Tröstlich war ihm schließlich nur, dass auch das restliche Gold ausreichte, bis ans Lebensende seine Jahre sorglos zu verbringen.

Die »Witteborg«

Die wachsende Macht der Stadt und der Wohlstand ihrer Bürger, bedingt durch Seefahrt und Handel, weckten schon früh den Argwohn der Bremer Kirchenfürsten. Und die Geschichte der ältesten deutschen

Stadtrepublik macht deutlich, wie sehr dieses Spannungsverhältnis zwischen Klerus und freiem Bürgertum die Entwicklung der Hafenstadt auf dem Wege zur Weltgeltung bestimmte. So ließen es die Mächtigen der Kirche nicht an Versuchen mangeln, ihren Anteil an den Handelsgewinnen für sich nutzbar zu machen.

Zollburgen an den Ufern der Weser zwischen Bremen und der See sollten vorbeifahrende Schiffe zwingen, Abgaben mit barer Münze zu entrichten.

Der Sage nach wählte Erzbischof Gerhard II. das hohe Ufer bei Farge als Standort einer Zollfeste, die die Bezeichnung »Witteborg« erhielt. Farge deutet vom Namen her auf einen alten Fährort hin. Um den Schiffszoll nun auch wirklich erzwingen zu können, ließ der streitbare Bischof starke Pfähle in die Weser rammen. An der Flusssperre blieb nur eine schmale Stelle im Fahrwasser offen, die zudem noch durch eine eiserne Kette gesichert war. Gerhard wähnte sich seiner Sache sicher und war überzeugt, dass die Bremer Handelsherren die Existenz der »Witteborg« anerkennen würden. Doch weder unter den Kaufleuten noch unter den Ratsherren der Stadt war auch nur einer bereit, das Recht auf den freien Zugang zur See aufzugeben. Man rüstete in aller Eile ein besonders starkes Schiff mit kräftigen Segeln aus.

Entschlossene Ratsherren und erfahrene Seeleute fanden sich zu einem kühnen Unternehmen bereit. Bei günstigem Wind und dem Einsetzen des Ebbstromes segelte die Kogge flussabwärts. Der Wucht des heranrauschenden Schiffes konnte die Kette nicht standhalten. Voller Zorn musste nun der Zwingherr von seiner Burg aus mit ansehen, wie auch noch Pfahl um Pfahl aus dem Wasser gezogen wurde. Und das geschah auf einfachste Art und Weise. Die Kogge legte längsseits am Pfahl an, wo auch die gesamte Besatzung zusammenkam, um das Schiff in Schlagseite zu versetzen. Dieser Augenblick wurde genutzt, mittels Ketten und Seilen den Pfahl anzubinden. Auf ein Kommando sprangen die Leute auf die andere Seite. Das Schiff holte über und zog damit gleichzeitig den Holzstamm aus dem Grund.

Angesichts dieser überzeugenden Technik und Ausrüstung sah der Bischof ein, dass die Bremer mit seinen Mitteln nicht zu zwingen waren. Im Jahre 1221 schloss man einen Vertrag, der die Zollfreiheit auf dem Handelsweg zum Meer garantierte. Dafür sollen die Bremer dem Kirchenfürsten geholfen haben, einen Sitz in Langwedel zu errichten. Die Steine der »Witteborg« dienten später dem Straßenbau in der Stadt.

1852 wurde, bedingt durch die monarchistische Verbindung zwischen Großbritannien und Hannover, in Farge die Steingutfabrik »Witteburg« gegründet. Mit britischem Kapital und einem Direktor und Facharbeitern von der Insel stellte man dort über viele Jahre begehrtes farbiges Geschirr aus weißem Ton her, der aus England importiert wurde. Die Belegschaft der Fabrik wohnte in der »englischen Reihe«, auch Kolonie genannt. 1918 wurde die »Witteburg« der Grohner Steingutfabrik angeschlossen. Heute hat man dort die Produktion ganz auf Wand- und Bodenplatten umgestellt.

Heimatgeschichtlich interessierten Lesern sei abschließend noch verraten, dass der

Name und auch der Standort der bischöflichen Zwingburg im Lichte jüngster Forschungen den herkömmlichen Auffassungen nicht mehr entsprechen. Bezieht man die Vorstellung Witteborg als weiße Burg auf die landschaftsgebundenen Begebenheiten, regen sich in der Tat erste Zweifel. Natursteine in unserer Gegend sind nicht weiß, und es ist auch nicht anzunehmen, dass die Mauern der Festung einmal weiß gekalkt waren. Weist die Bezeichnung »witte« womöglich auf einen ganz anderen Namensursprung hin? Ortsnamen wie Witten, Wetter oder Wettmar (indogermanisch »wed«, englisch »wet«, was feucht oder auch modrig bedeutet) geben Auskunft über einen Standort im Moor oder im Sumpf. Ich entnahm diese Angaben der Schrift »Neues aus dem alten Stedingen« von Heinz B. Maass, die auf aktuellsten historischen Erkenntnissen basiert und zudem noch äußerst aufschlussreich zu lesen ist. Der Verfasser weist darin recht überzeugend nach, dass die Zollfeste des Erzbischofs Gerhard II., das »Witte Slot«, auf dem Lemwerder, der ehemaligen Weserinsel, gestanden haben muss.

Büren und das Werderland – von hüben nach drüben

Werder, so steht es im Lexikon, bedeutet schlichtweg Insel. Für Landstriche zwischen Flussarmen, durch Trockenlegung entstandene Flächen, wasserfreies Land zwischen Sümpfen, aber mitunter auch für Halbinseln gilt diese Bezeichnung. In Bremen befindet sich beispielsweise der Stadtwerder, eine ehemalige Weserinsel, dem der berühmte Fußballclub Werder Bremen seinen Namen verdankt. Man denke auch an das weserabwärts gelegene Dorf Lemwerder, gegründet auf einer Sandbank, die späterhin mit dem Ufer verbunden wurde. Bodenwerder an der Oberweser oder Werder im Havelland.

Rechts der Weser unterhalb Bremens erstreckt sich die grüne Flussmarsch des Werderlandes, gelegen zwischen der alten Hansestadt, einem Dünengürtel im Osten und der Lesum mit ihrem hohen Ufer. Zwar datiert der Name der Werderland urkundlich erst aus dem Jahre 1365, doch das deltaartige, weitverzweigte Flusssystem der Weser mit

Haupt- und Nebenarmen schuf schon weit früher dieses Inselland in ihrem Urstromtal.

Wer hier nun aber eine gänzlich vom Wasser eingeschlossene Insellage erwartet, wird heute vergeblich danach Ausschau halten. Durch stetige Verbindungsprozesse verlagerte der Fluss sein Strombett und veränderte nach und nach die Strukturen seiner Niederungslandschaft.

Noch im früheren Mittelalter verlief ein östlicher Flussarm in einem großen Bogen entlang der Grambker Dünen und vereinigte sich mit dem eigentlichen Hauptarm, der weiter westlich durch die Ebene strömte. Bodenuntersuchungen ergaben, dass der rechte Arm eine Breite von 80 bis 130 Meter aufwies. Etwa vom fünften nachchristlichen Jahrhundert an wurde der jedoch durch Sand- und Kiesablagerungen mehr und mehr verschüttet und verlandete schließlich in weiten Bereichen. Lediglich letzte Überreste verblieben bis heute mit dem Burger und dem Grambker See und natürlich mit dem Fließgewässer Lesum, dem letzten Abschnitt des ursprünglichen Ostarmes der Weser, kräftig gespeist von der Wümme und dem Moorwasser der Hamme. Der Name Lesum geht auf Liestmona (Lesmona), auf die Mündung der Lieste oder Leeste zurück, die hier auf die Weser traf.

Zu dieser Zeit dehnte sich am linken Ufer des westlichen Hauptarmes die Wurtensiedlung Büren in beachtlicher Länge aus, von Niederbüren über Mittelsbüren bis hin nach Hasenbüren. Es muss ehemals ein stattliches Dorf gewesen sein, denn zur Unterhaltung der Bremer Weserbrücke hatte es jährlich fünf schwere Silbermünzen beizutragen, während die umliegenden Nachbardörfer nur mit deren zwei belastet wurden.

Heute liegen sich Niederbüren mit einem Rest von Mittelsbüren, das Dorf wurde zur Mitte des vorigen Jahrhunderts durch die Anlage der Klöckner-Hütte abgerissen, der Moorlosen Kirche und ein paar umstehenden Häusern und Hasenbüren beiderseits des Stromes gegenüber. Wie kam es zu dieser gravierenden Trennung? Geologen und Historiker sind sich im Rahmen ihrer Ursachenforschungen weitgehend einig. Es muss ein Ereignis von elementaren Naturgewalten gewesen sein.

Als Auswirkungen einer schweren Sturmflut änderte die Weser ihre Fließrichtung, sprengte die Wurtenkette der alten Bauernschaft Büren und drängte in das Flussbett der Ochtum, deren Mündung vordem im Bereich des heutigen Ortes Lemwerder lag. Diese Katastrophe soll sich um 1200 zugetragen haben.

Altenesch war damals Mutterkirche einer Parochie, eines größeren Pfarrbezirks am linken Weserufer, zu dem auch die Kirche in Büren zählte. So gab es im damaligen Mittelsbüren noch Pfarrweiden, die ehemals zu Altenesch gehörten. Die Bezeichnung Moorlose Kirche in der sprachlichen Abschleifung von moder- zu moorlos könnte demnach eine eindeutige Erklärung sein. Den Namen von Büren trug auch ein alteingesessenes Geschlecht, das sich in der Geschichte Bremens mehrfach hervortrat. So trat auch einmal im 16. Jahrhundert ein Daniel von Büren als bedeutsamer Bürgermeister der politischen Auseinandersetzung um die Folgen der Reformation hervor. Seine Wappenscheibe leuchtet in einem der Fenster der Moorlosen Kirche am Weserdeich.

Einst waren die Bürener Bauern auf ihrer Scholle. Durch die Jahrhunderte führten sie einen ständigen Kampf gegen die Fluten der Weser. Folgenschwere Zerstörungen von Wurten und Deichen führten immer wieder zu erneuten Herausforderungen der Menschen am Strom. Verheerend hatte sich bereits die oben erwähnte Sturmflut zu Beginn des 13. Jahrhunderts für die Bewohner im oberen Teil Bürens ausgewirkt. Mit der Allerheiligen- und Mittelsbürener Flut von 1571 ereilte die Niederbürener Bauern ein ähnlich hartes Schicksal. Durch erhebliche Landverluste verkümmerten ihre Hofstellen und sie waren gezwungen, als Fischer oder in der Schifffahrt auf dem Strom ihr Brot zu verdienen. Auch als Treidler fanden sie bis zur großen Weserkorrektion Beschäftigung. Viele von ihnen stiegen aber auch in die sogenannte Grönlandfahrt ein, verdingten sich bei Walfang und Robbenschlag.

Von diesen höchst gefährlichen Unternehmungen kehrten sie oftmals nie mehr zurück.

Nachbarliche und familiäre Beziehungen zwischen den getrennten Ortsteilen der alten

Bauernschaft Büren von hüben nach drüben waren und sind bis heute intensiv und herzlich gepflegt worden. Gleiche Namen alteingesessener Familien finden sich »düssiet und guntsiet«, wie es plattdeutsch heißt.

Die Weser als Schicksalsstrom. Wohl in keinen anderen Bereich unserer Heimatregion hat sie das Leben der Menschen an ihren Gestaden so hart und folgenschwer beeinflusst.

Wie die Moorlose Kirche zu ihrem Namen kam

Direkt am Weserdeich, jedoch durch ihren hohen Baumbestand nahezu versteckt und deshalb als augenfälliges Wahrzeichen in der weiten Niederungslandschaft kaum auszumachen, steht, von ein paar Häusern umgeben, die Kirche des ehemaligen Bauerndorfes Mittelsbüren. Der Bau wurde am 6. Juni 1847 mit einer Festrede, die der berühmte Bremer Bürgermeister Johann Smidt hielt, feierlich eingeweiht.

Es ist aber nicht das erste Gotteshaus im alten Büren gewesen. An gleicher Stelle stand vorher ein mittelalterliches Bauwerk, dessen Geschichte bis ins zwölfte Jahrhundert zurückgehen soll. Deichbrüche, Verwüstungen im Dreißigjährigen Krieg, ein Blitzschlag im Turm, lang ist die Liste der Wunden, die das alte Gebäude im Laufe der Jahrhunderte erleiden musste. Schließlich war das Dach so schadhaft, dass bei starkem Regen oder Schneegestöber die Kirchgänger nur mit Schirmen davor bewahrt wurden, durchnässt den Heimweg wieder antreten zu müssen. Das Balkenwerk moderte und der Turm neigte sich bedrohlich. Zudem lag das Kirchlein so tief, dass bei Überflutungen der Innenraum stets einige Fuß hoch unter Wasser stand. Ein Neubau war unausweichlich geworden.

Als Abbildung der ehemaligen Kirche blieb eine Kreidezeichnung des früheren Wasserhorster Lehrers Johann Friedrich Jacobsen erhalten.

Die Ansicht der neuen Kirche zeichnete kurz nach ihrer Fertigstellung im Jahre 1846 Friedrich Wilhelm Kohl. Im Volksmund trägt das Mittelsbürener Gotteshaus den Namen Moorlose Kirche. Wie so oft bei heimatgeschichtlichen Nachforschungen der Fall, ist auch hier eine eindeutige Erklärung nicht möglich. So sollen der Sage nach einstmals Seeräuber ein wundertätiges Marienbild, das zum Wallfahrtsziel kranker und schwacher Menschen aus der weiten Umgebung geworden war, vom Altar der Kirche geraubt haben. Damit war der heilige Ort mutterlos, plattdeutsch moderlos, in sprachlicher Abschleifung moorlos geworden.

In einer anderen Geschichte wird erzählt, dass vor langer Zeit die Dörfer Niederbüren und Mittelsbüren sich darauf geeinigt hatten, eine gemeinsame Kirche zu bauen. Allein der Standort blieb eine strittige Frage. Deshalb zog eine Abordnung beider Orte aus, um auf ein untrügliches Himmelszeichen zu achten. Wie überrascht war die Gruppe, als aus dem Schilf am nahen Weserufer das Weinen eines Kindes zu hören war. Es lag in einer angetriebenen Wiege und schrie ängstlich nach der Mutter. Den Fundort bestimmten die Leute zum Bauplatz der neuen Kirche, die ihren Namen von dem mutterlosen Kinde erhielt.

In einer weiteren Sage heißt es, die Söhne einer reichen Witwe aus Mittelsbüren hätten nach dem Tode der Mutter, da sie nun gänzlich verwaist waren, beschlossen, die Heimat [illegible] verlassen. Vorher veranlassten sie aber [illegible]ch, von einem Teil ihres Vermögens [illegible] Kirche zu bauen. Der Name sollte [illegible]r trauriges Schicksal erinnern. So h[illegible] sie denn »Kirche der Mutterlosen«.

Weit mehr [illegible] wissenschaftlichen Wege verpflichte[illegible]igt sich nachstehende Deutung. Demn[illegible] soll die alte Bürener Kirche ehemal[illegible] ein Filial, eine Tochterkirche von Altenes[illegible] gewesen sein und auf dem linken Weseruf[illegible]estanden haben. Der Fluss nahm zu der Zeit se[illegible]n Lauf durch das spätere Werderland und verei[illegible]te sich mit der Lesum südlich von St. Magnus. [illegible]rch umfangreiche Bohrungen im Jahre 1955 k[illegible]nte das alte Strombett der Weser nachgewiese[illegible] werden.

Die Ursache für di[illegible] Änderung der Fließrichtung muss eine Hoc[illegible]wasserkatast[illegible] gewesen sein, deren Zeitpun[illegible] [illegible]as Jahr 1200 n. Chr. anzusetzen ist. Durch die Verlagerung des Strombettes wurde das Bürener

Gotteshaus von der Mutterkirche zu Altenesch getrennt und war seitdem mutterlos, plattdeutsch »moderlos«.

Wenn von mir auch nicht alle Versionen der Namensdeutung erneut zu Papier gebracht wurden, bitte ich den Leser, sich trotzdem mit der Darstellung zufrieden zu geben und daselbst in Muße das Bild des Ortes auf sich wirken zu lassen. Die unmittelbare Nähe des umzäunten Geländes der Klöckner-Werke wird schmerzlich an das alte Fischer- und Bauerndorf Mittelsbüren erinnern, das vor fünf Jahrzehnten der sogenannten »Hütte am Meer« weichen musste.

Meerwärts und stromauf belebte einst unablässiger Schiffsverkehr das Landschaftsbild an den Gestaden der Weser. Um die Weltschifffahrtsstraße ist es stiller geworden. Vom nahen Sommergarten schweift mein Blick über den Strom. Himmlische Weite über der Weserniederung. Ebbe und Flut, Marsch und Geest, Heimat und Ferne.

Üppig rankt der Efeu am Mauerwerk der »Moorlosen Kirche«, dem sagenhaften Ort im Bremer Werderland.

Der Sprung in die Freiheit

Zur Franzosenzeit, als sich der »große« Napoleon anschickte, einen Russlandfeldzug zu organisieren, durchkämmten die Werber des Kaisers auch die Dörfer im Bremer Lande. Meistens erfuhren die jungen Männer rechtzeitig von der Kampagne und ergriffen vorher die Flucht. So war es auch in Büren im Werderland.

Da hockten die Flüchtlinge im Buschwerk der Wasserlöcher zwischen Weser und Ochtum oder versteckten sich ganz einfach auf den Dachböden zwischen Heu und Stroh. Einer von ihnen, der im Dorfe als äußerst gewandt und körperbeherrscht galt, hatte das Pech, von einem Franzosenkommando entdeckt zu werden. Doch gerade noch konnte er sich den Soldaten, die ihn aufgestöbert hatten, entreißen.

Mit einem gewaltigen Satz aus der Bodenluke sprang er über die Kaiserlichen, die zwecks seiner Abführung auf der Diele warteten, hinweg, gelangte rasch an die Grootdöör und entkam ungehindert ins Freie.

Zwei Wagen versperrten ihm den Weg. Er setzte beherzt hinüber und lief was er konnte ins freie Feld hinaus. Ehe die verdutzten Häscher wieder zur Tat schritten, hatte der Flüchtige fast mühelos bereits mehrere Gräben und Zäune überwunden. Doch zu Pferde zeigten sich schließlich auch ihm die Verfolger überlegen. Schon waren sie ihm dicht auf den Fersen. Mit Warnschüssen aus ihren Pistolen versuchten sie, ihn einzuschüchtern.

Der Ausreißer jedoch hetzte unbeirrt weiter. Plötzlich musste er jedoch innehalten. Ein breites Fleet unterbrach seinen Weg. Sollte seine wagemutige Flucht ganz umsonst gewesen sein? Der Hufschlag und das Schnauben der Pferde drangen ihm schon ans Ohr. Entschlossen sprang er ein paar Schritte zurück, nahm einen energischen Anlauf, überwand wie im Flug das Hindernis und war schon bald außer Reichweite am Deich. Dort verbarg er sich hinter der Böschung und beobachtete das Verhalten seiner Verfolger.

Sie hatten abgesessen und standen ratlos vor dem breiten Gewässer. Wohl oder übel mussten sie erkennen, dass ihnen der Flüchtling entwischt war. Über dessen Schlussauftritt mag man schmunzeln oder geflissentlich hinwegsehen.

Es heißt nämlich, der so bravourös entkommene junge Mann hätte auf der Deichkrone kurzerhand die Hose fallen lassen, um so die verhassten Franzosen auf seine entblößte Sitzfläche aufmerksam zu machen.

Von der Jagd auf den Wal

Die sogenannte »Grönlandfahrt« als ein bewegtes und zugleich menschlich bewegendes Kapitel aus der Heimatgeschichte des Werderlandes verdient es, in der vorliegenden Sammlung mit Geschichten vom Lesumstrom in Erinnerung gerufen zu werden. Zeitzeugen können längst nicht mehr befragt werden und augenfällige Reminiszenzen jener maritimen Epoche, wie etwa auf den nordfriesischen Inseln oder im nahen Leuchtenburg, sind leider gänzlich aus dem Ortsbild verschwunden.

Für die »Grolanners«, wie sie hierzulande genannt wurden, bedeuteten die wagemutigen

Unternehmungen in das nördliche Eismeer verlockende Verdienstmöglichkeiten im Vergleich zu dem, was sie bei saurer Arbeit daheim erwirtschaften konnten. Rechtzeitig im Jahr, schon ab Februar, wurde in den Häusern am Deich zur großen Fahrt gerüstet. Schneider und Schuhmacher hatten Hochkonjunktur, und die Frauen strickten für Ehemänner und Söhne Strümpfe und Handschuhe aus selbstgesponnener Wolle.

Arbeitsbedingungen, Entlöhnung und Verpflegung wurden in einer Musterrolle aufgesetzt, die als Kontrakt gemeinsam von der angeworbenen Mannschaft und dem Schiffskommandeur aufgesetzt und unterschrieben wurde.

Anfang März begannen die Reisen. Die Hinfahrt bis in die Fanggebiete dauerte in der Regel acht bis vierzehn Tage.

Zeitweilig starteten aus den Orten an der Unterweser etwa ein Dutzend Schiffe zur Grönlandfahrt. Die kleineren waren allerdings ausschließlich zum Robbenfang ausgerüstet. So war es einmal vorgekommen, dass einer dieser Robbenfänger durch Treibeis fuhr, wo eine riesige Robbenherde lagerte. Binnen 24 Stunden wurden 2.400 Tiere erlegt. Dabei blieb ein Teil der Besatzung ständig auf dem Eise. Die Mahlzeiten wurden den Männern von Bord aus herabgereicht. Den Speck der Robben schnitt man in Streifen und füllte während der Reise Holzfässer damit. Wenn später in Bremen daraus Tran gewonnen wurde, hatte sich der Inhalt der Fässer schon größtenteils in die derzeit recht begehrte Flüssigkeit aufgelöst.

Beim Walfang ging es weitaus dramatischer zu. Sobald einer dieser Meereskolosse beim Auftauchen und Sprühen vom Schiff aus gesichtet wurde, ließ man flugs die Schaluppen, die Fangboote, zu Wasser, um möglichst nah an das Tier heranzukommen. Mit der »Gunnen«, einer kleinen Kanone, wurde, sobald der Wal in treffsicherer Position wieder auftauchte, eine Harpune an einer Fangleine abgefeuert. Gleichzeitig lauerte der Harpunier mit einer Handharpune, die an der gleichen Leine befestigt war, am Bug der Schaluppe, um so nah wie möglich ein weiteres Mal zu treffen. Ein packendes Geschehen, bei dem es oftmals um Leben und Tod ging.

Bei glücklicher Heimkehr zum Weserstrom verbreitete ein vorausgeschickter Bote die Kunde von der baldigen Ankunft in den Heimatdörfern: »De Grolanners kaamt. Hurrah! De Grolanners sind da.« Und nach den stillen Tagen des Wartens in banger Ungeduld brach nun erneut eine Zeit fröhlicher Geschäftigkeit an. Mitte August lagen meistens die Schiffe wieder vor Anker, so dass die Heimgekehrten noch kräftig bei der Ernte zupacken konnten. Die Menge an Tran und Fischbein, das aus den Barten des Waloberkiefers gewonnen wurde, bestimmte letztlich den Erfolg des wagemutigen Unternehmens. Ein 18 bis 20 Meter langer Wal lieferte etwa 24.000 Kilo Tran und 1.600 Kilo Fischbein.

Doch auch über dunkle Stunden wird in den Annalen der heimischen Grönlandfahrt berichtet.

Im Jahre 1825 traf die Nachricht vom Untergang des Walfängers »Patriot Gloystein« unter Kommandeur Johann Haake aus Mittelsbüren die Bürener Bevölkerung besonders hart. Keiner überlebte. Allein in Mittels- und Niederbüren wurden 15 Angehörige vermisst.

Doch damit nicht genug, denn ein kurioser Zwischenfall lastete in besonders tragischer Weise auf dem Geschehen. Ausgerechnet der Bruder Johann Haakes, Albert mit Namen und selbst Kommandeur auf einem Walfänger, sichtete wenige Stunden zuvor etwa auf 72 Grad nördlicher Breite das Unglücksschiff. Eine scharfe Brise und eine unruhige See gaben ihm bei einem zusätzlichen Blick auf das Bordbarometer Anlass zu schlimmsten Befürchtungen.

Mittels eines Sprachrohrs rief er äußerst besorgt zu der unter vollen Segeln fahrenden »Patriot Gloystein« hinüber: »Jan! Bidreihn!«

»Nä, dat schall't so nato!«, schallte es von gegenüber zurück, und unbeirrt hielt Kommandeur Johann Haake am eingeschlagenen Kurs fest.

Am folgenden Tag war die Sicht so klar, dass Albert Haake die Insel Jan Mayen deutlich am Horizont ausmachen konnte. Der Segler des Bruders jedoch blieb von der Bildfläche verschwunden und wurde trotz aller Nachforschungen nie wieder gesichtet.

Der verhinderte Freier

Vor dem Bau des Lesumsperrwerkes überquerte nach Burg keine weitere Brücke den Unterlauf des Flusses bis zur Einmündung in die Weser. Es war üblich, mit Booten über den Strom zu gelangen. Spaziergänger, die vom rechten Ufer nach Lesumbrook übersetzen wollten, um dort eine der Gaststätten aufzusuchen, läuteten kurzerhand die Glocke am Bootssteg oder riefen nur einfach das übliche »Hol ober!« Dass die Lesum aber auf dem Wasserwege bisweilen ein unüberwindbares Hindernis sein konnte, entnehmen wir folgender Geschichte:

An einem Sommertag hätte er sich im Boot mit wenigen Ruderschlägen über den Fluss gebracht. Ja, notfalls wäre er selbst ins Wasser gesprungen, um schwimmend das Lesumbrooker Ufer zu erreichen, denn dort wartete ja die geliebte Braut. Aber heute käme ein derartiges Vorhaben einem Wahnwitz gleich. Der starke Eisgang auf der Lesum trieb wahre Ungetüme wild aufgeschichteten Packeises an ihm vorbei.

Drüben im Hause der Braut fand sich bereits die Hocheitsgesellschaft mit dem Pastor zur Haustrauung ein. Der junge Freier aus St. Magnus geriet mehr und mehr in eine verzweifelte Lage. Was blieb ihm anderes übrig als kurz entschlossen zu handeln? So wählte er den Uferweg bis zur Burger Brücke, war dieser Übergang doch die einzige Stelle, den Fluss zu überqueren. Obgleich er sich eilenden Fußes aufmachte, hinderte ihn doch der schlechte Zustand des Weges, rasch voranzukommen. Als er endlich die Tür des Brauthauses erreichte, trat er völlig erschöpft auf die Diele. Dem geplagten Bräutigam berichtete man dort, der Herr Pastor und alle Hochzeitsgäste hätten enttäuscht das Haus verlassen, da man annehmen musste, der junge Herr habe sie im Stich gelassen. Die gekränkte Braut hatte sich, in Tränen aufgelöst, in der Kammer eingeschlossen.

Ob die beiden dennoch im ehelichen Gelöbnis später zueinander fanden, ist nicht überliefert. Doch anzunehmen ist es, denn die Braut wird sich ja nicht immer so »eisig« wie die Lesum gezeigt haben.

Seit jeher sollen nämlich die hier ansässigen Menschen in ihrem Wesen dem Bild der stillen Ufer gleichen, deren Landschaft meistens in Liebreiz und Anmut ruht.

Die Sage vom Helden Heriward

Um die erste Jahrtausendwende nach Christi Geburt sollen die Normannen oder Wikinger mit ihren wendigen Segelschiffen oftmals Norddeutschlands Küsten heimgesucht haben. Sie plünderten und brandschatzten Dörfer und Städte und nahmen, wenn sie sie nicht schon vorher erschlagen hatten, Männer, Frauen und Kinder gefangen, um sie als Sklaven zu verschleppen. Nur schwerlich war ihnen beizukommen, denn ehe sich ein Ritterheer versammelt hatte, waren sie längst in die Weite der Nordsee entkommen. So lebten damals die Menschen an der Weser- und Elbemündung in ständiger Furcht vor den Nordmännern, die sie wegen ihrer Schiffe aus Eschenholz auch Askomannen nannten.

Einmal jedoch gelang es, zwei der verwegenen Wikingerhorden zu überlisten und vernichtend zu schlagen.

Im Jahre 994 dringen unter ihren Heerführern Sven Gabelbart und Olaf Trygwason die Askomannen in zwei Heerhaufen weser- und elbeaufwärts vor. Brennende Dörfer zeigen weithin das Ausmaß ihrer Verwüstungen an. In höchster Bedrängnis scharen die drei Grafen von Stade ihre ritterlichen Getreuen um sich. Doch als sie sich mutig den Mordbrennern entgegenwerfen, ist ihr Widerstand rasch gebrochen. Ein Speer durchbohrt Graf Udos Brust. Seine Brüder Sigfrid und Heinrich werden überwältigt und mit ihren Männern als Gefangene verschleppt. Gegen Stellung von Geiseln gibt man Heinrich später frei. Sigfrid entkommt durch eine tollkühne Flucht. Aus Rachsucht verstümmeln die Askomannen die verbliebenen Gefangenen in abscheulicher Weise, indem sie ihnen Hände, Ohren und Nase abschlagen und die so geschundenen hohnlachend davonjagen. Doch ehe die Eindringlinge Segel setzen und den Elbstrom wieder verlassen können, werden sie von den Truppen Herzog Bernhards von Sachsen und der Seite des Grafen Sigfrid gestellt und im Kampfe gänzlich aufgerieben. Rot soll sich damals die Elbe von ihrem Blut gefärbt haben.

Mittlerweile ist der zweite Heerhaufen der Normannen weiter weseraufwärts bis zur Lesum gelangt. Die Männer haben es vornehmlich auf die Plünderung Bremens abgesehen. Allein jedoch wagen sie den Angriff nicht. Erst wenn die anderen Waffenbrüder von Stade kommend zu ihnen stoßen, wollen sie den Kampf wagen. So machen sie ihre Schiffe fest und gehen daran, das Gelände am rechten Ufer ostwärts zu erkunden. Recht bald müssen sie aber erkennen, dass sie in dem weiten Sumpfland ohne die Hilfe Ortskundiger nicht zurechtkommen werden. So bringen sie einen sächsischen Edeling namens Heriward in ihre Gewalt, damit er ihnen den Weg weise. Der junge Ritter ist sich seiner Lage wohl bewusst. Steht er den Eindringlingen nicht zu Diensten, hat er sein Leben verwirkt. Tiefer Hass wallt in ihm auf, doch er zwingt sich zur Besonnenheit. Auch zweifelt er nicht daran, dass dem Grafen von Lesmona die Kunde von der Landung der Askomannen zu Ohren gekommen sein muss. Wenn nun er, Heriward, das Vertrauen der Feinde gewänne und den wilden Heerhaufen nichtsahnend immer weiter in die Moorwildnis locken würde, könnte der Lesumer indessen unbemerkt die Verfolgung organisieren. So gibt er sich redselig und findet auch schmeichelnde Worte für die kraftstrotzenden Anführer der Nordmänner. Nur mühsam kommt der Tross voran. Auf halbem Wege etwa zwischen Bremen und Stade erstreckt sich nahe dem Ort Glinde in der Hamme-Oste-Niederung ein weites Moorgebiet. Auf dem Weg durch dieses Sumpfland, der nur den Eingesessenen vertraut ist, gäbe es kein Entrinnen, wenn sie der Schlachtruf der Verfolger überraschen sollte. Was immer auch geschehen mag, er allein hat es in der Hand, in der sonst unwegsamen Wildnis den Untergang der verhassten Eindringlinge zu besiegeln.

Im Westen neigt sich der Tag. Nebelschwaden umhüllen das einsame Moorland. Baum und Strauch muten wie gespenstische Wesen an. Selbst auf die Gemüter der hartgesottensten Krieger vermag sich die unheimliche Stille der Dämmerung zu legen. Gespräche verstummen und ein Grauen erfasst die Männer. Allein Heriward schreitet mutig voran und frohlockt heimlich voller Zuversicht. Urplötzlich durchdringen wilde Laute die Nacht. Fackeln leuchten auf, Waffen blinken im Feuerschein. Von vorn und auch von hinten ertönt jetzt gellendes Kampfgeschrei. Zu beiden Seiten des Weges lauert das Moor. Da gibt es kein Entkommen.

Jetzt gilt es: Mann gegen Mann! Blitzschnell entreißt Heriward einem seiner Begleiter das Schwert. Kämpfen will er wie ein Held und sich zu den Seinen durchschlagen. Doch wie eine Meute gieriger Wölfe stürzen sich die Fremden auf den tapferen Ritter und töten ihn.

Für die Eingeschlossenen gibt es kein Entkommen. Wer sein Heil in der Flucht sucht, kommt elendig im dunklen Moor ums Leben.

Wohl zwanzigtausend Normannen sollen damals ihr Leben gelassen haben.

Im Sachsenlande aber lebten noch lange die große Tat der Befreier und der Ruhm des Helden Heriward in Liedern fort.

Die Grafen zu Lesmona

Ein mächtiges sächsisches Adelsgeschlecht sollen die Grafen zu Lesmona gewesen sein. Seit altersher kündet der Volksmund mit einer Fülle heimatlichen Erzählgutes von den Taten der edlen Herrscher »Von den Uhralten Grafen zu Lesmona« schreibt Mushard in seinem Buch »Monumenta Nobilitatis Antiquaere«, das er im Jahre 1708 herausgab. Sie seien eines alten hohen Herkommens und haben an dem Wimme- oder Lieste-Fluss zu St. Magnus bei der Lesmon residiert. Der alte gräfliche Sitz lag nach Mushards Angaben eine Meile von der Stadt Bremen entfernt bei dem Dorf Lesmon, dessen Name der ganzen Grafschaft den Namen gegeben habe. Mushard erwähnt ferner, dass zu seiner Zeit noch »Rudera« (Reste, Ruinen) einer Burg zu sehen gewesen seien.

Der Kapitän und Heimatforscher Friedrich Spengemann aus St. Magnus nahm diesen Hinweis zum Anlass, einen Zusammenhang zwischen den Grabungsfunden auf dem Grundstück der Villa »Lesmona« und dem Standort der gräflichen Burg zu vermuten.

Dort auf dem ehemals Walte-Melcher'schen Besitz nämlich, wo noch heute das durch Marga Bercks Briefroman »Sommer in Lesmona« berühmt gewordene Landgut steht, wurden um die Jahrhundertwende bei Erdarbeiten merkwürdig geformte Ziegel mit langen Haken ausgegraben. Dabei könnte es sich, so Spengemann, um die Turmziegel einer alten Burg gehandelt haben. Der Standort auf einer natürlichen Erhöhung, mit dem Fuß direkt an der Lesum gelegen, deute auf einen Burgberg hin. Die weite Sicht vom höchsten Punkte des Geestrückens über das Werderland zur Weser und bis zu den Toren Bremens, der alte Heer- und Handelsweg von der Stadt über Aumund, Blumenthal bis ins Land Wursten, der hier vorbeiführte, und das alte Dorf St. Magnus mit dem reichen Meierhof seien wohl willkommene strategische Voraussetzungen für die Errichtung einer Burg gewesen.

Nach Ansicht des Lesumer Pastoren und Heimatforschers Gerhard Schmelze hat es ein Grafengeschlecht von Lesmona nie gegeben. Es habe sich um Adlige gehandelt, die im Zusammenhang mit Lesum genannt wurden.

Das gelte insbesondere für das sächsische Geschlecht der Billunger, denen zeitweilig der Königshof in Lesum als Lehen übertragen worden war.

Doch wer nun bereit ist, sich trotz wissenschaftlicher Vorbehalte in das Halbdunkel der Sagenwelt zu begeben, wo es im volkstümlichen Wildwuchs oft üppig rankt und wuchert, vermag vielleicht geheimnisvolle Gefilde aufzuspüren, deren Bilder die Phantasie nähren und in heimatlicher Geborgenheit der eigenen Seele guttun.

Gräfin Emma und der Krüppel

An einem erhabenen Ort auf dem hohen Ufer der Lesum soll vor langer Zeit der Stammsitz der Grafen von Lesmona gestanden haben. Von der Burg bot sich ein herrlicher Blick in das weite Schwemmland der Weserniederung. Hier lebte, so erzählt die Sage, einst die Gräfin Emma. Sie war die Witwe des Grafen Luidger, eines Sohnes des berühmten Hermann Billung. Riesige Besitzungen und ein schier unerschöpflicher Reichtum an Gold und Kleinodien in Truhen und Gemächern zeichneten den Wohlstand der Gräfin aus. Emma genoss im Volke ein hohes Ansehen. Sie war eine großherzige und wohltätige Frau, die von den Armen gepriesen und den Herren der bremischen Kirche wegen ihres Edelmutes mit höchstem Lob bedacht wurde. Viele Schenkungen der Gräfin galten der prächtigen Ausstattung des Bremer Domes.

Im Gebiet der Stadt Bremen besaß Gräfin Emma umfangreiche Ländereien. Als sie eines Tages in Begleitung ihres Schwagers, des Herzogs Benno von Sachsen, mit großem Gefolge aufmachte, um ihre Besitzungen zu besichtigen, traf es sich, dass in der Nähe Bremens eine Abordnung ehrenwerter Bürger dieser Stadt der Reiterschar in den Weg trat.

Die Männer trugen der edlen Frau mit sorgenvoller Miene eine gewichtige Bitte vor. Man habe, so berichteten die Bittsteller, zu wenig Weideland für das zahlreiche Vieh in den Mauern der Stadt. Sie möge doch so gütig sein, ihnen eine Fläche zu verkaufen oder zu verpachten. Die Gräfin besann sich nicht lange und versprach den Männern, ihre Bitte zu erfüllen. Eine Wiesenfläche, die ein Mann in einer Stunde umschreiten könne, wolle sie den braven Bremern zum Geschenk machen.

Herzog Benno jedoch, dessen Sinnen und Trachten allein auf das Erbe von Emmas Besitz für sich und seine Kinder gerichtet war, warf grollend und gehässig ein, die Schwägerin möge in ihrer Großzügigkeit doch lieber so viel Land verschenken, wie ein Mann an einem ganzen Tag umwandern könne.

Emma spürte gar wohl, dass allein die Habgier ihren Schwager zu dieser boshaften Bemerkung verleiten ließ. So bestimmte sie entschlossen: »Nun gut, der Vorschlag soll gelten!« Nur schwerlich konnte Benno seine Wut bezähmen, als er listig darum bat, selbst den Mann auswählen zu dürfen, der mit dieser ehrenvollen Aufgabe betraut werden solle.

Die Gräfin nickte zustimmend. Da wies der Herzog höhnisch auf einen Krüppel, der halbgelähmt am Wegrand kauerte und dort um Almosen bettelte. Erschrocken und zutiefst betrübt schauten die Bremer auf die gütige Frau. Diese stieg von ihrem weißen

Ross, ging auf den Krüppel zu, legte ihm still die Hand aufs Haupt und ermunterte ihn: »Geh nur ruhig an dein Werk!«

Den Armen durchfuhr es wie ein Schauer. Wundersam bestärkt fühlte er sich durch die Handlung der edlen Frau.

Jetzt galt es, keine Zeit zu verlieren. Er wollte es wagen zum Wohle seiner Vaterstadt. Schon kroch er von der Stelle, zunächst schwerfällig, doch dann immer behender und rascher.

Schon bald strömte viel Volk zusammen, um diesem seltsamen Schauspiel beizuwohnen. Aufmunternde Zurufe kamen aus der Menge. Entlang des Weges, den der Krüppel hinter sich gebracht hatte, wurden Pfähle eingeschlagen. Speise und Trank bot man ihm dar, wenn er gelegentlich innehielt, um ein wenig zu verschnaufen. Die Bremer frohlockten. Das hatten sie nicht zu hoffen gewagt. Unermüdlich kroch der Lahme vorwärts. Welch ein riesiges Gelände könnte heute durch dessen Tag der Stadt geschenkt werden.

Ob er durchhielt? Schon zeigte sich der Sonnenball weit im Westen. Noch einmal nahm der tapfere Krüppel all seine Kräfte zusammen. Und er schaffte es. Lauter Jubel drang an seine Ohren, als er völlig ermattet am Ausgangspunkt seines Weges niedersank. Wie einen Fürsten trug man ihn in einer Sänfte in die Stadt. Als Gräfin Emma am Abend zurückkehrte, um sich das Werk des Krüppels zu betrachten, liefen ihr die Bremer in Scharen entgegen und warfen sich dankbar zu Füßen. Die hohe Frau war sichtlich gerührt. Herzog Benno aber schaute finster und voller Grimm auf die Bürgerweide, da er erkennen musste, wie gut sein Rat befolgt worden war.

Gräfin Emma vermochte noch viele Jahre ihr Leben in frommer Fürsorge und Hinwendung zu den Armen und Notleidenden ihres Landes zu gestalten. Die Bremer Kirche verdankte ihr großherzige Schenkungen. So fand die adlige Frau schließlich ihre letzte Ruhestätte im Dom der Bischofsstadt.

Die Familie des habsüchtigen Schwagers Benno jedoch ging am Ende leer aus. Ihr bewegliches Vermögen an Silber, Gold und edlen Steinen hatte die fromme Gräfin wohltätigen Stiftungen vermacht, und die Grafschaft Lesmona fiel an den Kaiser Konrad.

Ein Anschlag auf Kaiser Heinrich

Der Flussübergang in Burg ist seit altersher ein bedeutsamer Pass auf dem Heerwege, der von Bremen der Dünenkette über Gröpelingen, Oslebshausen und Grambke folgte und sich am anderen Ufer auf der Geest nach Norden fortsetzte. Aus diesem Grunde wird der alte Fährort schon früh eine Befestigung erhalten haben. So datiert aus dem Jahre 1277 eine Urkunde mit der Ortsbezeichnung Villa »Borch«.

Mit dem Fährrecht, das vom Kaiser zugestanden wurde, verband sich für den Inhaber durch die Erhebung des Wegezolls eine lukrative Einnahmequelle. In Burg wurde der Zoll vom Lesumer Königshof erhoben. Dieser Umstand war den Bremer Kirchenfürsten seit jeher ein »Dorn im Auge«, so dass sie unablässlich darauf sannen, das einträgliche Geschäft unter ihre Kontrolle zu bringen.

Fast hätte im Jahre 1048 ein bewaffneter Überfall nördlich der Lesum den Verlauf der mittelalterlichen Reichsgeschichte entscheidend beeinflusst. Der Bremer Erzbischof

Adalbert, von Kaiser Heinrich III. als Kirchenfürst im Erzbistum Hamburg-Bremen eingesetzt, rechtfertigte das Vertrauen des Monarchen durch seine Erfolge beim Ausbau der Kirche in Dänemark, Mecklenburg und Niedersachsen. De facto galt er zu seiner Zeit als nordischer Patriarch.

In einer Botschaft hatte Adalbert den Kaiser auf ein verdächtiges Ränkespiel der Billunger Grafen am Hof zu Lesum hingewiesen. Die Gefolgstreue der edlen Herren verdiene doch sicherlich höchste Beachtung, zumal der Hof zum Besitz der eigenen Gemahlin, Kaiserin Agnes, gehöre. Auch sei bei dieser Gelegenheit eine Zusammenkunft mit dem Dänenkönig Swen Estrithson möglich.

Heinrich nahm die Einladung an. Zum ersten Mal besuchte damit ein deutscher Kaiser die Stadt des heiligen Willehad. Für die Anwohner der Wegstrecke von Bremen nach Burg muss es damals ein prächtiger Anblick gewesen sein, als Kaiser und Erzbischof mit stattlichem Gefolge gen Lesum ritten, um dort die Zuverlässigkeit der streitbaren Billunger auf die Probe zu stellen.

Harte Arbeit hatte der Burger Fährmann zu verrichten, um die berittenen Gäste mit ihrem Tross nach und nach über den Fluss zu setzen. Als sich später, dem alten Heerwege folgend, der Reiterzug der hohen Geest näherte, fanden Heinrich und Adalbert wieder Gelegenheit, ihre Gespräche zur Lage des Reiches fortzusetzen.

Über der Flussniederung spannte sich ein weiter blauer Himmel mit zartgeformten Sommerwolken. Der hohe Gast ließ auf einer Anhöhe halten und betrachtete mit sichtlichem Wohlgefallen die liebliche Auenlandschaft.

Adalbert zeigte sich von großer Ungeduld und drängte Heinrich, doch den Ritt fortzusetzen.

Die Reiter tauchten in einen Hohlweg ein. Im Halbdunkel der dichten Baumkronen stürmten plötzlich fremde Kriegsknechte von der Böschung herab. Mit gezückten Schwertern drangen sie auf die völlig überraschte Schar ein und hatten im Nu den Kaiser umringt. Diesen Augenblick nutzte Adalbert, um mit einigen Gefolgsleuten entschlossen gegen die Missetäter vorzugehen. Schon nach kurzer Zeit waren die Bischöflichen Herr der Lage und hatten die Angreifer unter ihre Gewalt gebracht. Welch eine empörende Freveltat! Wer nur hatte es gewagt, in so niederträchtiger Weise die Hand gegen den Kaiser zu erheben? Am Michaelistag desselben Jahres wurde zu Pöhlde am Harz Gericht gehalten. Dort beschuldigte ein sächsischer Ritter namens Arnold seinen gräflichen Herren Thietmar als Anstifter des schändlichen Überfalls. Dieser aber leugnete die Tat. Voller Ingrimm zeigte er sich in seiner ritterlichen Ehre verletzt. Um seine Unschuld zu beweisen, forderte Thietmar Arnold zum Zweikampf. In dem entscheidenden Waffengang fochten die bei den Widersacher unter den Augen des Kaisers mit ihren Schwertern in unerbittlicher Härte, bis schließlich der Billunger unterlag. Es sollte sein letzter Kampf gewesen sein. Nach drei Tagen erlag er seinen Wunden. Die so erlittene Schmach versetzte die Billunger in blinde Wut. Thietmars Sohn schwor Rache. Er ließ Arnold ergreifen und zu Tode martern. Daraufhin wurde er auf Geheiß Heinrichs des Landes verwiesen.

Adalbert frohlockte über den Gang der Ereignisse in Lesum. Mehr und mehr wurde er zum Günstling des Kaisers. Doch erst im Jahre 1063 gelangte die hamburgisch-bremische Kirche mit Zustimmung Heinrichs IV. in den Besitz der Grafschaft Lesmona.

Die Summe von neun Pfund Goldes erhielt Agnes, die Witwe Kaiser Heinrichs III., als Abfindung für die Aufgabe der Grafschaft Lesum. Nach heutigem Wert wären das mehrere Millionen Euro. Zur Beschaffung des Goldes mussten wertvolle sakrale Geschenke der Lesumer Gräfin Emma eingeschmolzen werden. So wurde denn letztlich Emmas ehemaliger Hof mit deren eigenem Geld bezahlt.

Offen bleibt bis zum heutigen Tage die Antwort auf die Frage, ob nicht damals Adalbert selbst den Überfall auf den kaiserlichen Gast geschickt inszeniert hatte.

In Burgdamm ist immer wieder zu hören, dass die schändliche Tat in der sogenannten »Gatzen«, dem Burgdammer Postweg, verübt worden sei.

Hacke Betken

In einer unserer bekanntesten Heimatsagen wird eine schreckliche Mordtat erst nach Jahren gesühnt. Laut Überlieferung gilt als Ort des Geschehens das Lesumer Feld. Wo immer wir auch in Kenntnis lokaler Gegebenheiten den Tatort vermuten mögen, es bleibt uns die Feststellung, dass die Geschichte etwas mit Lesum zu tun hat. Somit sollte sie es uns wert sein, in der vorliegenden Sammlung niedergeschrieben zu werden.

Im Kirchdorf Büttel bei Dedesdorf südlich von Bremerhaven lebte zu Beginn des 17. Jahrhunderts ein wohlhabender Bauer mit Namen Hacke Betken. Er war ein rechtschaffender Mann und Weib und Kindern in großer Liebe zugetan. Unter seinen Nachbarn genoss er ein hohes Ansehen. Auf seinen hofnahen Marschweiden wuchs prächtiges Vieh heran und deshalb war es ihm vergönnt, alljährlich im Herbst auf den Viehmärkten in Hannover oder Braunschweig einen guten Erlös beim Verkauf seiner Rinder zu erzielen.

So war es auch im Jahre 1618. Hacke Betken kehrte mit prallgefüllter Börse aus Braunschweig zurück. Unter dem Sattel ging ein stattlicher brauner Hengst, feurig im Temperament. Ross und Reiter kamen gut voran. Gar nicht weit von Bremen entfernt holte Hacke drei Weggesellen ein, die auch auf die Stadt zuritten. Einer von ihnen war Willem Frese, ein junger Bauer aus Wremen im Lande Wursten, den Hacke von früheren Marktreisen her kannte. Die beiden anderen waren ihm fremd und sahen wenig vertrauenserweckend aus. Er mied sie, so gut er konnte.

Das Gespräch kreiste um die Kriegsgerüchte, die sich wie ein Lauffeuer über Deutschland verbreitet hatten. Sollte es tatsächlich einen Waffenkampf zwischen den Katholischen und Protestantischen geben? Dann würde es sicherlich mit den Marktreisen vorbei sein. Indes warf Willem Frese einen neidischen Blick auf Hackes gewölbtes Wams, unter dem er die Geldkatze verborgen hatte, und stellte kopfnickend fest, noch habe man ja keinen Grund zur Klage. Stolz entgegnete Hacke, wer sich auf die Zucht von

Ochsen verstünde, könne damit immer ein gut Stück Geld machen. Doch auch die Pferdezucht gedeihe bestens bei ihm, warfen die beiden Fremden ein, denn solch einen prächtigen Hengst, wie er ihn ritte, hätten sie ihr Lebtag noch nicht gesehen. Hacke tätschelte den Hals des Braunen und meinte, wenn es sein müsse, trüge ihn das Ross noch heute zurück nach Büttel. So ausdauernd und leistungswillig sei es.

Zum Abend erreichten die vier Reisenden eine Herberge in Bremen. Hacke gedachte hier zu nächtigen. Während er mit dem Wirt sprach, nutzten die drei anderen die Gelegenheit, heimlich miteinander zu tuscheln und einen wahrhaft teuflischen Plan zu fassen. Willem Frese wurde zum Wortführer bestimmt. Der trat nun an Hacke heran und versuchte ihn zu überzeugen, dass sich der Weiterritt nach Büttel bei Mondschein und stiller Luft sicher lohne. So könne er schon gegen Morgen bei den Lieben daheim sein.

Hacke zögerte. Da reizte ihn Willem Frese gezielt mit einem Vorwurf. Erst prahle er mit seinem Hengst, und wenn es darauf ankäme, verlasse ihn der Mut. Sein Rappe jedenfalls schaffe die Wegstrecke allemal. Der »Pfahl« traf. Hacke fuhr ihn an, sein Brauner sei unschlagbar, und trotzig stieg er in den Sattel.

Gemeinsam setzten sie den Heimritt auf der alten Heerstraße nach Burg und dann über Lesum fort. Schon bald näherten sie sich dem Lesumer Holz und gelangten an einen Scheideweg. Sie hielten inne. Willem Frese begann mit Hacke zu streiten, welcher der beiden Wege denn wohl am schnellsten durch den Busch führen würde. Nach einigem Hin und Her einigten sie sich auf eine Wette. Hacke wählte den linken Weg, die anderen wollten es rechts versuchen.

Der Sieger solle seine Pistole abfeuern. Hacke ließ seinen Hengst locker traben, während die anderen in wildem Galopp durchs Holz preschten. Sie gelangten zuerst ins Freie, sprangen aber augenblicklich von den Pferden und verbargen sich im dichten Gebüsch.

Ahnungslos trabte Hacke heran. Weil er glaubte, seine Gefährten hätten den Weg verfehlt, griff er zur Pistole und gab das vereinbarte Zeichen. Damit hatte er sein Pulver verschossen. Jetzt drangen plötzlich seine drei Weggesellen mit vorgehaltenen Pistolen auf ihn ein und zwangen den Wehrlosen, sein Geld herauszugeben. Hacke erkannte schnell, dass Widerstand zwecklos war. So warf er die Geldkatze hin und bat die Schurken, ihn weiterziehen zu lassen. Höhnisch trat ihm das Raubgesindel in den Weg: Er wolle sie wohl auf den Galgen bringen. So sehr der Arme auch beteuerte, er werde nichts verraten, und sie anflehte, ihm um Frau und Kinder willen das Leben zu lassen, die Mordgesellen kannten kein Pardon. Ein Schuss durchbohrte Hackes Leib, und er sank zu Tode getroffen vom Pferd. Der Hengst stürmte laut wiehernd davon. Da erblickte der Sterbende eine Kette Wildenten über sich. Mit letzter Kraft reckte er seinen Arm empor und stöhnte kaum noch vernehmbar: »Ji Aanten bringt dit an den Dag.« Dann verschied er. Die Mörder verscharrten seinen Körper im lockeren Waldboden.

Schweißbedeckt und mit bebenden Flanken erreichte der braune Hengst im Morgengrauen den Betkenhof zu Büttel. Wild stampfte das Tier mit den Hufen. Frau, Kinder und Gesinde liefen aus dem Haus und ahnten beim Anblick des sich wild gebärdenden Rosses sogleich Schreckliches. Beherzt folgten Nachbarn und Knechte zu Pferde dem treuen Hengst und gelangten schließlich an die Mordstätte. Groß war die Trauer im Dorf, als man Hacke Betken auf dem Bütteler Kirchhof zur letzten Ruhe bettete.

Von den Mördern fehlte seither jede Spur. Sie waren untergetaucht und verdingten sich als Söldner während des langen Krieges. Jahre vergingen. Schließlich glaubten die Täter, ihr schändliches Werk sei nun längst in Vergessenheit geraten. Und so wagten sie sich in den Norden zurück. Sie kamen nach Oldenburg, wo gerade Markt abgehalten wurde. Als die Mordgesellen zusammenstanden, um das geschäftige Treiben zu beobachten, flogen plötzlich Wildenten über den Platz. Unbedacht spöttelte einer von ihnen, der die Vögel zuerst erblickt hatte: »Na kiek mal, da fleegt Hacke Betken sine Duven!« Der Zufall wollte es, dass Bauern aus Büttel unmittelbar neben ihnen standen. Sie drangen auf die Fremden ein und stellten sie zur Rede. Mit Ausflüchten und vielerlei Unschuldsbeteuerungen versuchten die drei Mordbuben, sich dem Zugriff einer aufgebrachten Menge zu entziehen. Doch da gab es kein Entkommen mehr.

Später gestanden die Schuldigen ihre Missetat auf der Folter. Sie wurden hingerichtet.

Wer heute den kleinen Kirchhof zu Büttel aufsucht, wird rechts neben dem Gotteshaus die bereits stark verwitterte Grabplatte finden. Mit den kaum noch erkennbaren Flügelgestalten in den Ecken des Steines sollen die Wildenten dargestellt sein. Im Volksmund wurden sie auch »Hacke Betkens hillige Engel« genannt. Die Inschrift lautet: »Anno 1618 den 27. October in der Nacht tho 2 Uhr, ys de irsome und vorneme Hacke Betken up den Lesumer Felde ehrbaermlik van den nahbenannten dre Morders ermordet, berovet und bestalen. – Siner Seelen Godt gnedigh is, – Des Vagedes Sone tho Wrem, Willem Frese, unde Johann Hilliken uth der Bolkauw unde Frerich Rinsel van Berlin uth der Marke. Godt gewe den Mordern ehr vordeende Lohn.«

Pastor Heinrich Hoops stellte die Sage von Hacke Betken in seinem Buch »Die Börde

Lesum« vor. Er erwähnt, dass ihm zuerst der greise Schuhmacher Johann Kühlken in Lesum die Geschichte erzählt habe. Und dieser wiederum erfuhr davon in seiner Jugend durch den alten Borchert Krudop aus Holthorst. Er habe ihm damals auch noch am Tatort den Gedenkstein gezeigt, der in dem Waldgelände gestanden haben soll, wo sich heute der Friedehorstpark befindet. Die im Volksmund überlieferte Angabe, der auf alten Karten noch vermerkte Mörderberg im Forst »Schmidts Kiefern« unweit des Gedenksteins für den Reitenden Förster Schmidt, sei der Ort der grausigen Tat gewesen, mutet sehr abwegig an und passt auch nicht in die damalige Straßen- und Wegführung.

An der alten Klostermühle im Ihletal

Noch zur Mitte unseres Jahrhunderts standen am Ufer der Ihle zwei alte Wassermühlen. Im Volksmund wurden sie als Babermöhl (obere Mühle) und Unnermöhl (untere

Mühle) bezeichnet. Beide Mühlen gehörten einmal zum Kloster Lilienthal. So erklärt sich auch der Name Klostermühle, der für das obere Gebäude noch bis zu seinem Abbruch im Jahre 1955 bestand. Die untere Mühle, zuletzt Blendermannsche Mühle genannt, stand mit dem gegenüberliegenden Müllerhaus unterhalb der Straßenkreuzung »Stadt London«. Sie wurde aus verkehrstechnischen Gründen im Jahre 1961 abgetragen.

Mein Elternhaus am Heidbergstift befand sich nur einen Steinwurf weit von der ehemaligen Klostermühle entfernt. Ihr früherer Mühlenteich war der Ursprung des heutigen Heidbergbades.

In meiner Kindheit mutete das nicht mehr genutzte und dem zunehmenden Verfall preisgegebene Gebäude, umstanden von üppigem Grün aus Erlen, Brennnesseln und riesigen Pestwurzstauden, wie ein verwunschener Ort an.

Barfüßig und nur mit einer Badehose bekleidet drangen wir Kinder in der Manier mutiger Entdecker durch die wuchernde Wildnis vor. Als stolzer Kopfschmuck dienten üppige Pestwurzblätter vom sogenannten »Wilden Rhabarber«.

Nur der vordere Bereich des Mühlenteiches, deutlich hervorgehoben durch einen hölzernen Steg, war dem Badebetrieb vorbehalten. Die weitere schilfbekränzte Fläche mit Teppichen von Teichrosen galt als Reich der Frösche.

Der alten Klostermühle gegenüber stand das »Borkenhaus« unter einem mächtigen Walmdach, bestückt mit Erkern, turmartigen Aufsätzen und wunderlichen Schornsteinen. Naturbelassene und zum Teil kunstvoll gestaltete Holzteile fügten sich zu einem eigenartigen Zierrat an Wänden, Dachvorsprüngen und Balkonen.

Nur ein paar Schritte davon entfernt plätscherte die muntere Ihle dahin. In ihrem seichten Bachbett fingen wir, sobald uns die warmen Strahlen der Frühjahrssonne zum Stromern ermunterten, die farbenprächtigen Männchen der »Stickelstangen« (Stichlinge), als deren Aquarium so manches heimlich aus dem Keller entwendete Einweckglas herhalten musste. Unter den Erlen am Ufer der Ihle lagen gut getarnt unsere Indianerhütten, die wir mit Schilf bedeckt hatten.

Heute erinnert nur noch der sommerliche Badelärm an das Treiben in jenen Tagen, und in leiser Wehmut vermag ich so recht eine Betrachtung unseres Lesumer Heimatforschers und Schriftstellers Friedrich Kühlken nachzuempfinden, der über diesen Ort schrieb: »Hierher fuhr mein Vater regelmäßig auf der Schiebkarre seinen Roggen zum Mahlen. Gar zu gerne begleitete ich ihn. Ein Sandweg mit hohen Pappeln führte vom Heidberg zum Bache. Das kleine Wohnhäuschen des Müllers, die von Brennnesseln umwucherte Ruine des abgebrannten Hofes, das Geklapper der Räder, das über das Mühlrad schäumende Wasser: sie alle hatten es mir Jungen angetan. Das schönste aber war der Teich, von Erlen überschattet und mit einer schwimmenden Insel, auf der eine Birke träumte.« Aus der langen Geschichte der alten Klostermühle ist noch zu berichten, dass ihr auch einmal sprichwörtlich das Wasser abgegraben wurde:

Ein Ritter Segebodo von Hude (Ritterhude) hatte am Oberlauf der Ihle Fischteiche anlegen lassen. Damit wurde der Mühle zuviel Wasser entzogen. Sie konnte nicht mehr betrieben werden. Damals musste der Streit durch die Bremer Gerichtsbarkeit geschlichtet werden. Nach dem Dreißigjährigen Krieg soll die Wassermühle aus dem Klosterbesitz in Privathand übergegangen sein. Um die Jahrhundertwende befand sie sich im Besitz des Schiffsmaklers Röhlig. Dieser kaufte sich auf der Gartenbauausstellung in Jena im Jahre 1900 das Direktionsgebäude und ließ das eigenartige Gebäude als vielbeachteten Landsitz, das »Borkenhaus« meiner Kinderzeit, an der Klostermühle im Ihletal wieder aufstellen.

Leopoldskuhle

An einem Feldweg, der in früherer Zeit von der Bremerhavener Heerstraße über den Großenhalm nach Platjenwerbe führte, lag nahe der alten Ziegelei in einer Senke ein kreisrundes Wasserloch. Das Gelände gehörte dem Schmied Leopold. So erhielt es im Volksmund den Namen Leopoldskuhle. Um diesen Ort rankt sich eine geheimnisvolle Geschichte. Es heißt, vor langer Zeit soll dort eine Kirche gestanden haben, die durch ein furchtbares Strafgericht in den Tiefen der Kuhle versunken sei.

Einst hatte sich hier ein Klausner in einem hohlen Eichstamm eine Behausung eingerichtet. Fromme Menschen suchten ihn auf. Ihre kleinen Gaben reichten aus, um ein einfaches und gottgefälliges Leben zu führen. Fortwährend dachte der Einsiedler darüber nach, wie er den Leuten ihre Mildtätigkeit vergelten könne. In langen Gebeten flehte er darob zu Gott und bat ihn um Einsicht. Als er eines Morgens erwachte, fiel sein Blick auf ein Bild der Mutter Gottes mit ihrem Sohn, das vor ihm am Fuße der alten Eiche lag. In den Augen des Kindes lag so viel Liebe und Güte, dass es der gläubige Mann immer wieder betrachten musste. Das Bild, so glaubte er fest, könne bei seinem Betrachter nur gute Gedanken wecken. Und in der Tat, schon bald fassten die zahlreichen Besucher dieses Ortes, auf dem Gottes Segen zu ruhen schien, den Entschluss, eine Kirche zu bauen. Fortan schmückte das Bild den Altar des Gotteshauses.

Zu jener Zeit aber hauste nicht weit von hier ein wilder Räuber mit seinen Kumpanen. Nachts verprasste das Raubgesindel gröhlend die Beute des Tages, begleitet von Hohngelächter und grässlichen Flüchen. Ängstlich verkrochen sich die Menschen der Umgebung in ihren Häusern und hofften für den kommenden Tag, vor den Räubern, die sie quälten und peinigten, Schutz zu finden. Dem Räuberhauptmann war die Kirche ein ständiger Dorn im Auge. Während eines Gelages forderte er plötzlich seine Mitstreiter auf: »Lasst uns beten gehen!« Mit lautem Gejohle marschierten sie auf die Kirche zu. Als sich ihnen der Klausner mit erhobenen Armen beschwichtigend in den Weg stellte, wurde er kurzerhand zu Boden geschlagen. Vor dem Altarbild stutzte die Bande einen Augenblick, doch sogleich griff der Hauptmann zum Dolch und stach dem Christuskind in die Augen. Seine Kumpanen quittierten die Tat mit johlendem Beifall. Im gleichen Augenblick stürzte das heilige Haus unter Donnern und Krachen in sich zusammen und sank mit allem, was es in sich barg, in ein gähnendes Loch.

Der Einsiedler aber, als er aus seiner Ohnmacht erwachte, traute seinen Augen nicht. Dort, wo das Kirchlein gestanden hatte, tat sich eine schwarze Kuhle auf. Tief erschüttert betrat er seine enge Klause und gewahrte ein Wunder. Unversehrt stand das heilige Bild vor ihm. Noch viele Menschen pilgerten an diesen Ort, um das Bildnis zu schauen. Doch als der fromme Mann für immer seine Augen schloss, verschwand es und wurde nie wieder aufgefunden.

In der nachfolgenden Zeit versuchten es Menschen immer wieder, die Kuhle zu füllen. Doch alle Erde, die man hineinschüttete, wurde in eine unergründliche Tiefe gezogen. Sonntagskinder, so wurde gesagt, könnten an Feiertagen aus der Tiefe des dunklen Gewässers den Klang der Glocken vernehmen. Und wer von ihnen ganz genau hinhört, hat hin und wieder dazwischen das Stöhnen der Räuber im Ohr.

Vom Teufel und der weißen Frau

Meine Großmutter, eine geborene Voller, gehörte ihrer Herkunft nach einer alteingesessenen Lesumer Familie an. Namen wie Voller, Reinken, Flügger, Vielstich, Hincke und Fennekohl waren damals im Dorfe rund um den Kirchberg häufig anzutreffen. Sie finden sich auch vielfach in unserer Familienchronik. Das war zu einer Zeit, in der, wie es einmal Friedrich Kühlken schrieb, »das Alltagsleben still dahinfloss«.

In nachbarlicher Nähe einander zugewandt waren die Lesumer Vorfahren in ihrem Denken und Tun, dem Rhythmus der Zeit im Tages-, Jahres- und Lebenslauf ergeben. Sie richteten sich beizeiten auf alles ein.

Außergewöhnliches ereignete sich selten. Weitgereiste Fahrensmänner konnten sicher sein, in der Heimat bewundert zu werden. Originale wurden immer wieder zitiert, Spökenkieker beargwöhnt und doch letztlich ernst genommen. Wen wundert es, wenn in jenen Jahren am Herdfeuer, in der Gaststube oder wo auch immer die Leute aus dem Dorf gesellig zusammenrückten, Merkwürdiges zu Geschichten versponnen wurde.

So hatte auch unsere Großmutter in ihrer Kindheit und Jugend begierig zugehört und dererlei Begebenheiten in ihrer Erinnerung bewahrt. Später dann vermochte sie im Kreise ihrer zum Erzählen drängenden Enkel die Geschichten so fesselnd »aufzuwärmen«, dass wir wieder und wieder danach verlangten. Mit geheimnisvoller Mimik begleitete sie ihre Schilderungen, wohl wissend, wie sehr uns das Geschehen packte.

Da taucht doch tatsächlich eine weiße schwebende Gestalt zu mitternächtlicher Stunde immer nach dem zwölften Glockenschlag am Kirchhof auf. Eine Zeitlang rätseln die Lesumer über diese Erscheinung, bis schließlich ein paar couragierte Jungen dem Spuk auf die Spur kommen wollen. Wie heimlich abgesprochen, finden sie sich kurz vor Beginn der Geisterstunde auf dem Friedhof ein. Die alten Grabsteine bieten ihnen ein ausreichendes Versteck. Schwach beleuchtet das Mondlicht hinter einem Wolkenschleier die Szene. Kaum ist der letzte Schlag der Turmuhr verklungen, vernehmen sie ganz in der Nähe das knarrende Geräusch einer Haustür. Und augenblicklich löst sich eine weiße Gestalt aus dem Schatten des Hauses. In atemloser Verblüffung verharren die staunenden Beobachter im Schutze der Gräber, während das Spukwesen fast greifbar nah an ihnen vorüberhuscht. Die Jungen rühren sich nicht. Und wieder bemerken sie ein Geräusch. Diesmal wird ein Fenster in dem gegenüberliegenden Haus an der rechten Kirchhofseite geöffnet. Nur kurze Zeit vergeht, bis die weiße Gestalt wieder deutlich erkennbar wird und auf demselben Weg zurückschwebt. Da hält es einen der Jungen nicht länger im Versteck. Beherzt springt er vor und umschlingt mit beiden Armen all das, was er für Spuk hält. Da vernimmt er die klägliche Stimme einer alten Frau. »Laat mi los! Laat mi los! Ik hebb di doch nix daan!« Bereitwillig kommt er der Bitte der Alten nach, verrät doch auch ihr Atem einen unangenehmen Geruch nach Fusel und Rauch.

Des Rätsels Lösung ist rasch gefunden. Eine Alkoholikerin nutzte die »Geisterstunde«, um sich heimlich »geistvollen« Nachschub aus dem Nachbarhaus zu beschaffen, wo sich eine kleine Schnapsbrennerei befand. Der Eindruck des Schwebens entstand durch die schwarzen Strümpfe, die sie ständig unter ihrem weißen Nachthemd trug.

Der Kampf mit dem Teufel

Um die wohlverdiente Schlafruhe brauchten sich damals die Lesumer kaum zu sorgen, versah doch der alten Bodenstein als umsichtiger Nachtwächter seinen verantwortungsvollen Dienst immer zuverlässig und in braver Manier. Tag für Tag und Jahr für Jahr kam er seiner Pflicht nach, die er, so wurde es jedenfalls erzählt, stets in geruhsamer Beschaulichkeit verrichten durfte. Heute würde man diesbezüglich von einem »Traumjob« sprechen.

Einmal jedoch wurde dem Alten die nächtliche Runde zu einem höchst aufregenden Erlebnis, das er zeitlebens nicht vergessen sollte.

Es ist Winter. Der Kirchberg und das umliegende Dorf sind in ein weiches Schneekleid gehüllt. Stille liegt über dem alten Lesum. Nachtwächter Bodenstein schickt sich eben an, ein weiteres Mal seine Pfeife auszuklopfen und auch den breiten Kragen seines Wollmantels etwas höher zu schlagen.

Die Häuser am Brink hat er just inspiziert und dabei nichts Verdächtiges feststellen können. Gerade bückt er sich, um die neben sich gestellte Laterne wieder in die Hand zu nehmen. Da spürt er plötzlich den kräftigen Zugriff zweier Arme, die seinen Oberkörper fest umklammern und ihn vehement hin- und herschütteln. Und schon im nächsten Augenblick fühlt sich der völlig überraschte Wachgänger unsanft auf den Boden gedrückt, wo er zuerst einmal konsterniert sitzen bleibt. »Jungedi, wat weer dat?«, durchfährt es ihn. Das Geräusch der im Schnee knirschenden Schritte einer sich entfernenden Person verrät ihm, dass er wohl keinen weiteren Angriff mehr zu befürchten hat. Er greift zum Horn, um postwendend im nächtlichen Lesum auf den ungeheuerlichen Überfall aufmerksam zu machen.

Doch ehe er es an die Lippen setzt, lässt er den Arm auch schon wieder sinken. »Dat maakt wi mal ganz anners!«, schmunzelt er in sich hinein und rappelt sich umständlich hoch. Wenig später hält er mit entschlossenem Schritt auf die vertraute Gaststube am Marktplatz zu, aus deren Fenstern anheimelnder Lichtschein lockt.

»Schenk gau een' in!«, ruft er dem Wirt zu, indem er auch schon schnurstracks auf die Theke zuhält. Tief durchatmend und genüsslich mit dem Handrücken den Bierschaum aus dem Bart wischend, dreht sich Bodenstein in den Raum. Als er sich überzeugt hat, dass die Blicke der Gäste ausnahmslos auf ihn gerichtet sind, hebt er bedeutungsvoll an: »Dat ji't all weet! Just eben harr mit de ›Leibhaftige‹ to faten. Ik kunn mi aber losrieten. Un denn op em!« Damit griff er zum Spieß und demonstrierte in einer bühnenreifen Darbietung seinen Kampf mit dem Höllensohn, um zum Schluss noch hinzuzufügen: »Un denn is he utneiht. Un du kunnst noch 'ne ganze Tiedlang rüken, wo dat na Swevel stunk!« Mit lautem Beifall ließen die Gäste den alten Bodenstein in dem Glauben, sie von seiner Tat überzeugt zu haben, konnte er doch nicht wissen, dass der leibhaftige Übeltäter, einer von Fennekohls Jungen, der gerade von großer Fahrt heimgekehrt war, mitten unter ihnen saß und die fröhlichen Zecher vorher bereits brühwarm unterrichtet hatte.

Kartenspiel am »stillen Freedag«

»De Karten sind den Düvel sien Gesangbook un hebbt all mennigeen um Huus un Hoff brocht.« So oder ähnlich lautete meistens Großmutters Einleitung zu der nun folgenden Geschichte: »Dat weer up'n Stillen Freedag …«

Es geschah an einem Karfreitag. In einer Lesumer Gaststube finden sich gleich nach dem Kirchgang drei Nachbarn zum Kartenspiel ein. Da es an Kööm und Bier nicht mangelt, und das Spielglück gut verteilt ist, macht keiner der drei Anstalten, die gemütliche Runde zu verlassen und damit gleichzeitig aufzuheben. Die Mittagszeit ist längst vorüber, als ein fremder Gast näher an den Tisch herantritt und das Geschehen über die Schultern der Kartenspieler interessiert verfolgt. »Wenn du mitspeelen wullt, sett di ran an'n Disch,« gibt ihm einer aus der Runde einladend zu verstehen.

Der Fremde lässt sich das nicht zweimal sagen und mischt gleich kräftig mit. Doch von nun wendet sich bei den drei Nachbarn wie schlagartig das Blatt. Was sie auch anstellen, der Fremde gewinnt jedes Spiel, und damit auch die Einsätze, um die es geht. Sein Mienenspiel verrät keinerlei Regungen. Mehr und mehr spüren die drei Unterlegenen, dass von der Person des unbekannten Mitspielers eine unheimliche Ausstrahlung ausgeht. Da fällt plötzlich einem der Nachbarn eine Spielkarte aus der Hand. Schnell bückt er sich. Aber die Karte liegt weiter unter dem Tisch, so dass er etwas umständlich den Stuhl zur Seite schieben muss, um heranzukommen. Gerade will er sie aufheben, da fällt sein Blick auf einen Pferdefuß, der aus einem Hosenbein des Fremden herausschaut. Entsetzt fährt er zurück. Für Augenblicke verharrt er bleich vor Schreck in seiner höchst unbequemen Stellung, um sich dann aber doch umständlich und noch zögerlich wieder aufzurichten. Beim Anblick des Fremden, dieses Satans, treibt ihm die Wut das Blut in die Adern und mit wildem Blick triumphierend brüllt er dem völlig Überraschten ins Gesicht: »Du büst de Leibhaftige! Wies doch mal dien Perfoot, denn könt ji't all' sehn, dat hier de Dübel sitt!« Urplötzlich wird es dunkel im Raum. Mit Zischen und Getöse soll damals der entlarvte Höllensohn zum Schornstein hinaus entwichen sein. Und erst nach Tagen konnte sich der gewohnte Gaststubenmief gegen den penetranten Schwefelgestank durchsetzen.

Ein Pionier an der Lesum

Was sich einmal hinter den Namen »Der rasche Tod« und »Der reine Mord« verbarg, waren nicht etwa makabre Kuriositäten, sondern schlichtweg hölzerne Ruderkähne, mit deren Hilfe der Bremer Kaufmann August Ferdinand Dreier auf der Lesum täglich zur

Burger Brücke gelangte, um von dort aus auf seine Füße zu vertrauen, die einen Marsch zum Kontor am Stavendamm und retour zu verkraften hatten, immerhin eine Gesamtstrecke von ca. 30 Kilometern.

Wie tröstlich mutet in diesem Zusammenhang der Name des dritten, auch von Dreier benutzten Bootes an. Es war »Das lange Leben«.

Erst über ein Jahrzehnt später entlastete der Fortschritt den wackeren Fußgänger, als nämlich im Jahre 1862 die Eisenbahnverbindung von Bremen nach Vegesack eingerichtet wurde.

Im Kreise seiner Geschäftsfreunde und Bekannten, die auf ihren Landsitzen in Horn und Oberneuland ausspannten, um dort Ruhe und Idylle zu genießen, wurde Dreier damals belächelt und selbst bemitleidet, weil er sich angeblich in der allerhässlichsten Ecke von Bremens Umgebung ankaufte. Von der lieblichen Anmut einer Parklandschaft mit üppigem Baumbestand war zur Mitte des vorigen Jahrhunderts, als Dreier ein Grundstück auf dem Berg Reebeck erwarb, in der Tat noch nicht viel zu spüren. Ackerland und sandige Hügel herrschten vor. Deichpflichtige Bauern aus Lesumbrok hatten den stromseitigen Teil des Reebecks angekauft, um durch den Sandabbau eine über 100 Meter breite Deichlücke zu schließen, die eine schwere Sturmflut mit Eisgang im Jahre 1841 gerissen hatte. Tausende von Kubikmetern des Bergsandes wurden in mühevoller Arbeit mit Dielenschiffen über die Lesum befördert. An der Abbruchkante entstand ein ansehnlicher weißer Steilhang, in dem Hunderte von Uferschwalben nisteten. Von diesem Ort leitete sich der Name des Landhauses »Schwalbenklippe« ab, das auch einmal der berühmte Admiral Brommy bewohnte.

Die Enkelin Elisabeth Hardegsen, geb. Dreier, beschreibt in ihren Kindheitserinnerungen, die sie im Jahre 1949 niederschrieb, ihren Großvater aus dem Blickwinkel rührender Zuneigung: »Ich war elf Jahre, als er im August 1895 in Reebeck starb und erinnere daher nicht nur seine kraftvolle Gestalt, sein schneeweißes Haar, seine leuchtenden blauen Augen, sondern auch seine frische lebendige Fröhlichkeit.

Ich hatte ihn sehr lieb und fühlte mich irgendwie wesensverwandt mit ihm.« Mit dem beherzten Auftreten August Ferdinand Dreiers nun, der ein großflächiges Grundstück auf dem Berg Reebeck erwarb, dort sein Landgut »Alt-Reebeck« errichten ließ und sich auf dem Gelände als passionierter Gärtner hervortat, begann damals ein tiefgreifender Strukturwandel im Landschaftsbild des hohen Lesumufers. Lesmonas »Belle Epoque« war eingeläutet worden.

St. Magnus

Der Name des Dorfes St. Magnus, ehemals unmittelbar am rechten Lesumufer gelegen, rührt der Sage nach von einem Priester her, der bei dem Bremer Erzbischof Adalbert in hohem Ansehen stand. Magnus war als junger Mönch für die Nordlandmission ausersehen worden. In Kirkwall in Nordschottland trägt eine Kirche seinen Namen. Auf den Shetland-Inseln erinnert die Bezeichnung St. Magnus-Bay an das Wirken des heiligen Mannes. Der

Missionar soll als Märtyrer an einem unbekannten Ort gestorben sein.

Nach den Angaben des Geschichtsschreibers Adam von Bremen in der Hamburger Kirchengeschichte weihte Erzbischof Adalbert um das Jahr 1059 einen Mönch namens Magnus im Jütland zum Bischof. Als Magnus von der Weihe zurückkehrte, kam er bei einem Schiffbruch auf der Elbe ums Leben. Später wurde er heiliggesprochen.

In den Aufzeichnungen des Adam von Bremen findet ein weiterer Magnus lobende Erwähnung. Es handelt sich um den Dänenkönig Magnus, der nach seiner Bekehrung Macht und Ansehen der eigenen Person in der Verbreitung der christlichen Glaubenslehre einsetzte. Er kämpfte erfolgreich gegen die Slawen im Ostseeraum. Doch trotz seiner Verdienste bei der Wegbereitung des Christentums im Norden Europas kann er als weltlicher Herrscher nicht als Namenspatron der ehemaligen Kapelle in St. Magnus in Betracht gekommen sein.

Die Lesumer Kirche beschloss damals, zu Ehren des heiligen Magnus auf dem hohen

Lesumufer eine Kapelle zu errichten. Der Platz galt über viele Jahre als Wallfahrtsort.

Der Kunde nach befand sich im Innenraum der Kapelle ein wundertätiges Marienbild. Das kleine Gotteshaus steht längst nicht mehr. Sein Standort wird etwa dort vermutet, wo heute das berühmte Landgut »Lesmona« die Blicke der Spaziergänger auf sich lenkt. Knochenfunde bei Erdarbeiten zum Bau der Villa Schotteck im Jahre 1892 ließen die Vermutung zu, dass dort einmal der Friedhof der Kapelle gelegen haben mag. Auch wurden um das Jahr 1800 vom Hörensagen her zwei alte Grabplatten mit Pferdefuhrwerken von diesem Ort zum Lesumer Friedhof transportiert.

In den Lesumer Kirchenbüchern, die nach dem Dreißigjährigen Krieg seit 1656 wieder geführt wurden, finden sich keinerlei Aufzeichnungen über eine Kapelle in St. Magnus.

Sie wird die Wirren der Reformation nicht überstanden haben. Und doch kündet noch heute eine wahrhaft christliche »Stimme« von ihrer einstigen Existenz. Es ist der Klang der alten Glocke im Turm der Kirche zu Horn in Bremen.

Ihre Inschrift belegt unzweifelhaft den Ort ihrer Herkunft: Anno dni. MCCCCLI Sanctus Magnus helf got. Neben dem gekreuzigten Christus sind zwei weitere Figuren, ein älterer Mann mit Bischofstab und Schwert sitzend dargestellt und ein jüngerer, eine Kirche im Arm tragend.

Vermutlich ist in der Darstellung des jüngeren Mannes der heilige Magnus gemeint, während mit der Figur des älteren wohl Erzbischof Willehad abgebildet wurde. Ähnliche Willehad-Darstellungen aus jener Zeit finden sich mehrfach im Bremer Raum. Willehad bekehrte unter dem Schwert Karls des Großen die Sachsen zum Christentum. Ferner ist noch schwach das Wappen der Ritter zu Oumunde zu erkennen, die nachweislich die einstige Kapelle zu St. Magnus mit einer Schenkung bedacht hatten.

Die Form des Kreuzes auf der Horner Glocke, es handelt sich um ein »Volto-Santo-Kreuz« mit dem bekleideten Christus, ist charakteristisch für Kirchen, die dem römischen heiligen Magnus geweiht sind, der allerdings real nie existierte. Vermutlich führte ein Schreibfehler zu seiner Namensnennung.

So bleibt dem Leser alles in allem der Eindruck teilweise recht obskurer Hintergründe um die Geschichte der Namensgebung des Dorfes St. Magnus.

Ludwig Knoop »erobert« St. Magnus

»Wenn sich die Bremer den Eindruck einer Gebirgslandschaft im Kleinen verschaffen wollen, so wallfahrten sie nach St. Magnus.« So beschreib um das Jahr 1820 der Philologe Dr. Adam Storck die besondere Beziehung der Hansestädter zu dem wahrhaft erhabenen Landschaftsteil am hohen Ufer der Lesum.

»Um Bremen herum ist alles sandig, alles Rübenacker und Torf und Heide … Man hat hier viel verschönert durch die Kunst, aber die Gegend ist zu widerspenstig, zu kalvinistisch trocken, um eine poetische Farbe dulden zu können.

Nur um Vegesack herum, zu St. Magnus und Blumenthal, an der Weser und Lesum, auf den grünen Anhöhen an diesen Flüssen und in den Eichwäldern neigt sie sich zu einem leichten romantischen Lächeln.« Das stellte etwa zur gleichen Zeit der Liberalist Eduard Beuermann fest.

Trotz dieser augenfälligen Vorzüge ist das hohe Ufergestade um Lesum und St. Magnus relativ spät von den Bremern als anspruchsvolle Wohnlandschaft in Besitz genommen worden. Dazu bemerkt noch einmal Adam Storck: »Der Weg von Bremen nach St. Magnus ist zu weit, zu sandig. Die Kaufleute können nach vollendetem Geschäft nicht so leicht zu den Ihrigen kommen. Sonst würden die Höhen der Lesum schon in allen Richtungen mit Landhäusern besetzt sein.« Nun, mit den Möglichkeiten einer besseren Verkehrsanbindung durch Bahn und Straße traf letztlich doch ein, was dem Wunschdenken der betuchten Bremer Kaufleute entsprach, ein standesgemäßes schnell erreichbares Areal in wohltuender Entfernung zum Schauplatz der täglichen Geschäfte.

Unter den angesehenen Persönlichkeiten, die sich einen Landsitz auf den Höhen der Lesum errichten ließen, gab es einen, dem einmal ein nahezu legendärer Ruf und ein schillerndes Andenken zuteil werden sollten: Baron Ludwig Knoop.

Seine wohl schönste und bedeutendste Hinterlassenschaft ist das weiträumige und so überaus anmutige Parkgelände am rechten Lesumufer, das mit seinem Namen die hier weilenden Spaziergänger unmittelbar auf das Wirken seines Begründers hinweist: Knoops Park.

Es begann einmal mit dem Ankauf des Landsitzes Mühlental im Jahre 1859, »um dort«, wie seine Tochter Adele Wolde, geb. Knoop, später in ihren Lebenserinnerungen schreibt, »wenn er aus Russland kam, ein ruhiges Leben im Kreise der Seinen führen zu können«. Dieser geografische Hinweis auf einen besonderen Umstand in der Lebensgeschichte Ludwig Knoops ist gleichzeitig eine höchst einfache Antwort auf die Frage nach der Ursache des beruflichen Erfolges.

Als Agent der Textilfirma eines Onkels in England wurde Knoop als junger Kaufmann ab 1840 in Moskau tätig. Dort heiratete er Louise Hoyer und gründete 1852 die erste eigene Firma, der später noch über hundert Spinnereien und Webereien folgen sollten. Das damals größte Textilwerk Europas richtete Knoop in Narva in Estland mit 10.000 Beschäftigten ein. Grund genug für den Zaren, den erfolgreichen Unternehmer zum Baron zu ernennen. 1877 bedachte ihn das deutsche Kaiserhaus anlässlich des 25. Firmenjubiläums mit dem Adelstitel.

Mit dem Anspruch Knoops, sich fernab seiner geschäftlichen Verpflichtungen standesgemäß in verdienter Ruhe mit Töchtern, Schwiegersöhnen und Enkelkindern erholen zu können, erfuhr das alte Dorf St. Magnus eine tiefgreifende existenzielle Veränderung. Als Knoop nämlich nach und nach die Grundflächen des Dorfes südlich der Straße von Lesum nach Grohn aufgekauft hatte und die großzügig entschädigten Bewohner nördlich dieser Verbindung Neubaugelände erhielten, wurde St. Magnus in der Tat zu einem »verrückten« Dorf.

Kein geringerer als Franz Wilhelm Benque, der Schöpfer des Bremer Bürgerparks, erhielt als Gartenbauarchitekt den Auftrag, einen weiträumigen Landschaftspark anzulegen. In über hundert Jahren wuchsen hier ansehnliche Baumriesen heran, die zum Teil exotischer Herkunft sind. Das Parkgelände wurde seit jeher von jeglicher Wohnbebauung freigehalten und gilt bei seinen zahlreichen Besuchern als landschaftliches Kleinod im Bremer Norden.

In stattlicher Erhabenheit auf einer Anhöhe über dem Mühlental, in dem in früherer Zeit einmal der Teich einer ehemaligen Wassermühle in St. Magnus gestaut war, erhob sich bis zum Abbruch im Jahre 1933 das »Schloss« Mühlenthal, ein feudales Landhaus im damals modischen englischen Tudorstil.

»Mühlenthal wurde Mittelpunkt der sich schnell vergrößernden Sippe. Viele Jahre hindurch brachten die Familien der verheirateten Töchter die Sommermonate hier zu, häufig kamen auch die Söhne mit den Ihrigen aus England und Russland zu Besuch«, lesen wir in den Aufzeichnungen der Knoop-Tochter

Adele Wolde. Durch eine im Haus installierte Telegraphenstation war Ludwig Knoop auf schnellstmöglichem Wege mit seinem Textilimperium verbunden.

Frau Louise pflegte im Beisein der Kinder oft zu sagen: »Vater denkt und träumt nur Baumwolle.« Einer liebevollen Reminiszenz im Rückblick auf das Wirken Knoops, der durch seine Maßnahmen wie kein anderer das Bild der Geestlandschaft nördlich der Lesum veränderte, begegnen wir seit dem Herbst 1995 in Form einer Bronzeplastik inmitten des herrlichen Parks.

Größe und Ausdruck des Standbildes lassen im Betrachter zu Recht den Eindruck entstehen, dass hier kein vom Reichtum besessener Kapitalist dargestellt wurde, sondern ein eher bescheidener Mann, dessen Nähe man suchte, der in seiner großen Familie zu einer geliebten Vaterfigur wurde und der für seine Beschäftigten segensreiche soziale Einrichtungen schuf.

Die Erbfischer zu Grohn

Vor langer Zeit, als flüchtende Menschen auf ihren Kähnen und Flößen weserabwärts fuhren, um nach ihrer Vertreibung einen neuen Wohnplatz zu suchen, landeten die meisten von ihnen auf einer Düne am Prallhang eines großen Weserbogens. Später soll sich aus dieser Siedlung die Stadt Bremen entwickelt haben. Eine Glucke mit Küken, der sie dort begegneten, deuteten die armen Leute als gutes Omen. Sie blieben.

Eines der Flöße trieb mit der Strömung weiter und gelangte etwa bis zu der Stelle, wo heute die kleine Hafenstadt Vegesack liegt. Mit auflaufendem Wasser wurde das Floß vom Flutstrom erfasst und unaufhaltsam in die Lesummündung gedrückt. Wie erleichtert waren die Umherirrenden, als endlich ihr Fahrzeug aufs Ufer stieß und sich so die Gelegenheit ergab, das Gelände zu erkunden. Die Hanglage bot ausreichend Schutz vor Hochwasser. Sieben Familien sollen sich damals hier niedergelassen haben. Unter dem Berge bauten sie ihre Hütten und ernährten sich vorwiegend vom Fischfang. Sie waren die Vorfahren der sogenannten Grohner Erbfischer, die später ihre Fischrechte von der Burger Brücke bis auf die Höhe von Hassel bei Aschwarden beanspruchten. Ihre Privilegien ließen sie sich nie streitig machen. Drei der Fischerfamilien siedelten sich später auf dem nahen Geestrücken an. Ihre Höfe sollen noch bis zu Beginn des letzten Jahrhunderts bestanden haben, bevor hier im Zuge der Industrialisierung und der wachsenden Bevölkerungszahlen Fabriken und Wohnhäuser gebaut wurden.

So darf Grohn sich rühmen, zur gleichen Zeit wie das mächtige Bremen gegründet worden zu sein.

Quellennachweis

Johann Behnken, Unterm Sagenbaum, Bremen 1936

A. von Dübring, Ehemalige und jetzige Adelssitze im Kreise Osterholz, Stader Archiv 1938

Heinrich Hoops, Geschichte der Börde Lesum, Bremen 1909

A. Kohlenberg. Das schwimmende Land von Waakhausen, Aufsatz aus der Zeitschrift »Globus«, Braunschweig, 1898

Will-Erich Peuckert, Bremer Sagen, Göttingen o.J.

Wilhelm Scbarrelmann, Katen im Teufelsmoor, Bremen 1983

Heinrich Schriefer, Worpsweder Bilder, Lilienthal 1907

Aus dem Moor I, De »rothe Gerd« und andere Geschichten, Bremen 1892

Heinrich Scbmidt-Barrien, Water över Weyerdamm, Osterholz-Scharmbeck 1995

Friedrich Wäbekindt, Festschrift des Ritterhuder Schützenvereins 1958

Johann Segelken, Osterholz-Scharmbecker Heimatbuch[4], Osterholz-Scharmbeck 1987

Hans Wohltmann, Sagen aus dem Lande zwischen Niederelbe und Niederweser, Band I, Zeven 1979, Band II, Selbstverlag des Stader Geschichts- und Heimatvereins 1963

Gemeinde Ritterhude, Vom Adligen Gericht zur Gemeinde Ritterhude, Lilienthal 1996.

Carl Thalenhorst, Bremen binnen und buten, 2 Bände, Bremen, 1955-57

Karl Paetow, Die schönsten Wesersagen, Hannover 1961

Fritz Bekker, Geschichte des ehemaligen Gerichts und heutigen Kirchspiels Neuenkirchen, Blumenthal 1900

Horst Zientz, Schwanewede – ein Dorf im Herzogtum Bremen auf der Geest, Schwanewede 1991
Wilko Jäger, Unter Reetdächern und alten Bäumen, Arbeitskreis Meyenburg e.V. 2002
Friedrich Spengemann, Altes und Neues aus dem alten St. Magnus, Bremen 1957
Alfred Tietjen, Blumenthal – meine Heimat, Nordwestdeutsche Landeszeitung, 1937
Hermann Allmers, Werke in Auswahl, 2. Auflage, Bremerhaven 2000
Bernd Ulrich Hucker, Hermann Allmers und sein Marschenhof, Oldenburg 1981
Friedrich Kühlken, Zwischen Niederweser und Niederelbe, Osterholz-Scharmbeck 1950
Heinrich Scbmidt-Barrien, Aus meinen Jungensjahren, Heide 1992
Heimatbund der Männer vom Morgenstern, Die Samtgemeinde Hagen, Heimat zwischen Marsch, Moor und Moränen, Bremerhaven 2002
Heinz B. Maass, Neues aus dem alten Stedingen, Lemwerder 1990
Wilko Jäger, Zu Hause zwischen Geest und Strom, Lilienthal 1998

Register

In dieser Reihe sind erschienen

Wilko Jäger
Sagen und Geschichten aus dem Teufelsmoor, Bd. 1 + 2

je 112 S., je 12,90 Euro
ISBN 978-3-95494-256-5
ISBN 978-3-95494-257-2

»Die vorliegenden Sagen und Geschichten aus alter Zeit basieren zum Teil auf mündlichen Überlieferungen, finden sich aber auch in heimatkundlichem Schriftgut wieder.

Über mehrere Jahre trug ich sie zusammen, verfasste und ergänzte die Sagen und Geschichten in meinem eigenen Schreibstil neu, hoffentlich entsprechend anregend und unterhaltsam. Sagen sind ortsgebunden und damit ein geheimnisvoller Schlüsssel zum Zugang in die Heimatgeschichte.«

Almuth Quehl
Sagen und Geschichten aus dem Landkreis Rotenburg/Wümme

112 S., 12,90 Euro
ISBN 978-3-95494-197-1

»Lesenswert ist dieses Buch, denn es gibt einen nachhaltigen Einblick in das Leben auf dem Lande in früheren Zeiten und zeigt, warum es in unserer Region immer noch so lebenswert ist.«

Udo Fischer
Geschäftsführer des Touristikverbandes Landkreis Rotenburg (Wümme) e.V.

Heike Bloom
Karin Sohnemann
Sagen und Geschichten aus der Lüneburger Heide

128 S., 14,90 Euro
ISBN 978-3-95494-254-1

Die Autorinnen haben aus allen Teilen der Lüneburger Heide Sagen und Geschichten gesammelt, die in diesem Buch neu erzählt werden.

»Ein kurzweiliges Buch mit Kurzgeschichten, wie man sie heute auch wieder für Besonderheiten in der Heide neu entdeckt hat. Geschichten, die die Fantasie der Leser beflügelt.«

Mathias Zimmermann
(Geschäftsführer VNP)

Cornelia Kenklies

Sagen und Geschichten aus dem Alten Land

128 S., 14,90 Euro
ISBN 978-3-95494-261-9

»Das Alte Land ist reich an Märchen, Anekdoten und Sagen, die zumeist auf Plattdeutsch überliefert sind. Zum Glück haben literarisch begabte Altländer frühzeitig zur Feder gegriffen und uns einen tiefen Einblick in Sitten, Gebräuche und Mentalität hinterlassen.

Aus dieser reichen Quelle durfte ich schöpfen, sammeln, zusammentragen und übersetzen. Wir alle stehen auf den Schultern unserer Ahnen. Ihnen gebührt der Dank. Ohne ihren Fleiß und ihre Heimatliebe hätte dieses Büchlein nicht erscheinen können.«

Cornelia Kenklies

Undine Stiwich

Sagen und Geschichten aus dem Wendland

128 S., 14,90 Euro
ISBN 978-3-95494-287-9

»Das Wendland, das Hannoversche Wendland, liegt im Südosten von Niedersachsen und ist ca. 70 km von Lüneburg entfernt. Diese Region bietet viel Raum für Sagen & Geschichten und auch das Brauchtum ist hier noch lebendig.

Seit vielen Jahren arbeite ich zur Geschichte des Hannoverschen Wendlandes und sammle die Sagen und Volksbräuche, die hier nun veröffentlicht werden.«

Undine Stiwich

Cornelia Kenklies

Sagen und Geschichten aus Hamburg

128 S., 14,90 Euro
ISBN 978-3-95494-288-6

Um die Hansestadt Hamburg ranken sich zahllose Geschichten, Sagen und Mythen. Eine Vielfalt landschaftlicher Eigentümlichkeiten regte die Fantasie der Altvorderen an. Die Elbe mit ihrem Gewirr von Wasserläufen, Inseln und undurchdringlichen Auenwäldern konnte nur das Werk von Riesen oder Elbgeistern sein. Auch die frühe Geschichte und der Kampf gegen Piraten barg Stoff für sagenhafte Erzählungen. Dass die mündlichen Überlieferungen nicht in Vergessenheit gerieten, ist all jenen zu verdanken, die diesen reichen Sagenschatz zeitig sammelten und niederschrieben. Davon profitiert auch das vorliegende Werk.